FALTPLAN

»Schreiben Sie uns!

Wir hoffen, dass Ihnen dieser Reiseführer gefällt und er Ihnen ein guter Begleiter auf einer außergewöhnlichen und spannenden Reise ist.

Weil ein Reiseführer von Erfahrungen lebt, sind wir an Ihren Erlebnissen interessiert: Haben Sie im Buch ein Restaurant entdeckt, das es nicht mehr gibt, eine Sehenswürdigkeit, die wir noch nicht aufgeführt haben, oder eine falsche Adresse? Dann schreiben Sie uns!

Wir nehmen jeden Hinweis und jede Kritik ernst und arbeiten kontinuierlich daran, die Bücher aktuell zu halten und immer weiter zu verbessern. Auch wenn wir nicht jeden Wunsch erfüllen können, machen wir uns immer Gedanken über Ihre Anmerkungen.

Schreiben Sie an: info@reise-know-how.de oder Reise Know-How Verlag Peter Rump GmbH, Postfach 140666, 33626 Bielefeld

Wenn sich Ihre Infos direkt auf das Buch beziehen, bitten wir um die Angabe der Seitenzahl und der Auflagennummer bzw. des Erscheinungsjahres. Besonders hilfreiche Beiträge belohnen wir mit einem Sprachführer Ihrer Wahl aus unserer „Kauderwelsch"-Reihe.

Herzlichen Dank und gute Reisen
Ihr Reise Know-How Verlag

Diesem Buch wurde hier ein herausnehmbarer Faltplan beigefügt.
Sollte er beim Erwerb des Buches nicht mehr vorhanden sein, fragen Sie bitte bei Ihrem Buchhändler nach.

Liebe Leserin, lieber Leser,

ein unabhängiger Verlag für unabhängig Reisende – das sind wir, der Reise Know-How Verlag aus Bielefeld, eines der letzten Familienunternehmen in der Branche. Obwohl wir zu den größten Reiseführerverlagen Deutschlands gehören, ist der familiäre Umgang miteinander in allen Bereichen des Verlagslebens zu spüren: In der Geschäftsführung in zweiter Generation, in einer wertschätzenden Arbeitsatmosphäre, in der Nähe zu unseren frei arbeitenden Autorinnen und Autoren, im engen Austausch mit unseren Leserinnen und Lesern – und auch in der Zusammenarbeit mit Druckereien in Deutschland, in denen wir ausschließlich und regional unsere Bücher produzieren. Die sollen schließlich erst mit Ihnen auf große Reise gehen.

Alles, was wir in unsere Bücher und Landkarten stecken, soll Ihnen eines ermöglichen: Auf Ihre ganz eigene, individuelle Weise die Welt zu entdecken. Wir wünschen Ihnen viel Freude und unvergessliche Erlebnisse mit diesem Reiseführer.

Es grüßen herzlich
Peter Rump & Wayan Rump

Verona mit und ohne Julia

Für uns in München lebende Autoren ist es nur ein Katzensprung nach Verona. Dieses Pendeln zwischen Südbayern und dem nördlichen Veneto ist Münchner Ferienalltag. Mit der Zeit wurde Verona zu einem unserer liebsten Wochenendziele. Italienischer Charme, unübersehbare römische Hinterlassenschaften, Gotik- und Renaissancearchitektur, spannende Museen, eine Küche, die Genüsse aus dem Alpenraum mit jenen Oberitaliens verbindet, und italienische Mode – was gibt es Besseres? Und das Ganze in einer überschaubaren, ungemein freundlichen Stadt ohne Verkehrschaos und Gedränge wie in den großen italienischen Metropolen. Nun, Letzteres stimmt nicht ganz, aber dafür sind vor allem die großen Touristengruppen verantwortlich. In der Hauptsaison können die Tagesausflügler aus den Badeorten am Gardasee oder gar von der Adria durchaus überhandnehmen – dann flüchten wir uns auf die linke Etschseite nach Veronetta (s. S. 51), wo Attraktionen und Instagram-Motive nicht ganz so dicht gesät sind und die Stimmung entspannter ist. Abends haben wir unser Verona dann wieder (fast) für uns allein.

Ob William Shakespeare geahnt hat, dass er Verona mit seinem Liebesdrama um Romeo und Julia einen recht zweifelhaften Gefallen tut? Manchmal ist das Gedränge unter „Julias Balkon“ 12 schon enorm. Wir suchen lieber nach anderen romantischen Orten, etwa im Giardino Giusti 35, um der unglücklich Liebenden zu gedenken.

In Verona lernten wir italienische Lebensweise kennen und schätzen: den morgendlichen *caffè* mit *cornetto* am Bartresen, *corso* (s. S. 8) am Abend, den obligaten *aperitivo,* der hier nicht so exzessiv zelebriert wird wie etwa in der Toskana ... Nur eines ist uns bis heute nicht gelungen: der Besuch einer Verdi-Oper in der Arena 2. Mal war das Wetter schlecht, dann wieder keine Karte zu bekommen. Aber wir geben nicht auf!

Die Autoren

Daniela Schetar und **Friedrich Köthe** haben als Reisebuchautoren viele Länder bereist und beschrieben. Die Liebe zu Italien ist den Münchnern quasi in die Wiege gelegt und dabei überwiegt die Leidenschaft für Städte, in denen die Autoren neben einer Fülle an Sehenswürdigkeiten auch einem spannenden, nichttouristischen Alltag begegnen und diesen beschreiben können. So erschienen in den Reihen CityTrip und InselTrip des Reise Know-How Verlags neben Verona auch Bände über Pisa, Lucca und Livorno, zu Palermo, Florenz und den Liparischen Inseln, immer mit dem Blick für das Besondere.

214ve Abb.: sk

Borsalino
Caffè

Inhalt

Cleveres Nummernsystem
Die Sehenswürdigkeiten sind im Text und im Kartenmaterial mit derselben **magentafarbenen ovalen Nummer** ❶ markiert. Alle anderen Lokalitäten wie Geschäfte, Restaurants usw. tragen ein **Symbol und eine fortlaufende rote Nummer** (**1**). Die Liste aller Orte und die Zeichenerklärung befinden sich im Anhang.

Bewertung der Sehenswürdigkeiten
★★★ nicht verpassen
★★ besonders sehenswert
★ wichtig für speziell interessierte Besucher

Planquadrat im Kartenmaterial
[A1] Orte ohne diese Angabe liegen außerhalb unserer Karten. Alle Ortsmarken werden in der buchbegleitenden Web-App angezeigt (s. S. 143).

Alle weiteren Benutzungshinweise s. S. 144.

MEIN TIPP
Vor der Reise erledigen
Tickets für die Arena ❷ vorab online besorgen, besonders für eine der großen Verdi-Opern, die schnell ausverkauft sind

Die Statue Madonna di Verona vor den Case dei Mazzanti (s. S. 20) (Foto: 200ve Abb.: sk)

Verona auf einen Blick

0 — 500 m
© Reise Know-How 2024

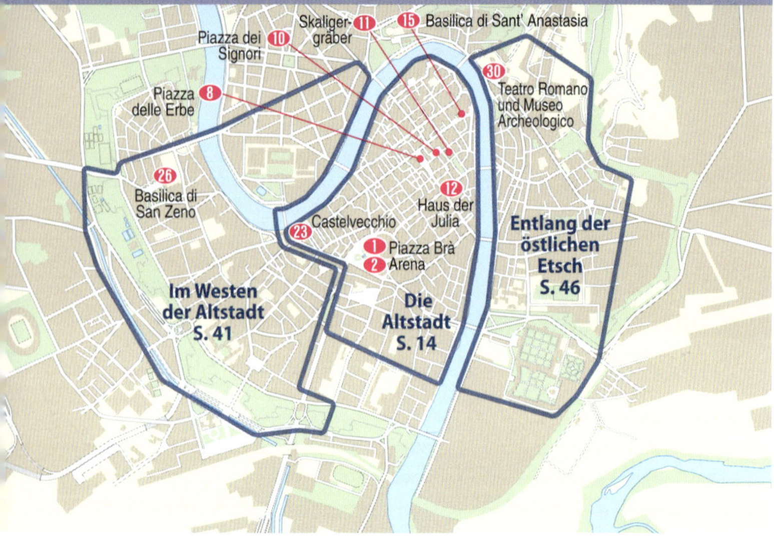

NICHT VERPASSEN!

1 2 Piazza Brà und Arena [J7]
20.000 Zuschauer fasst das römische Amphitheater. Auf dem „Liston“ der Piazza Brà wird abends zum Corso geblasen (s. S. 14).

8 Piazza delle Erbe [J6]
Das ehemalige römische Forum dient heute als Marktplatz. Von den Straßencafés aus kann man das lebhafte Treiben beobachten und die großartigen Fassaden bewundern (s. S. 19).

10 Piazza dei Signori [K6]
Mittelalter und Barock rahmen das Denkmal des Dichterfürsten Dante auf standesgemäße Weise ein. Hier hatte die Stadtregierung ihren Sitz (s. S. 22).

11 Skaligergräber [K6]
Herrschaftliche Grabmäler des für Verona so prägenden Fürstengeschlechts, eingerahmt von einem Gitter mit dem Skaligersymbol: einer Leiter (s. S. 23).

12 Haus der Julia [K6]
Wo sich einst die jungen Liebenden so tragisch nacheinander verzehrt haben sollen, suchen heute Pilgerscharen ihr eigenes Liebesglück (s. S. 25).

15 Basilica di Sant' Anastasia [K5]
Ein gotischer Monumentalbau, in dessen Seitenkapelle zarte Fresken überraschen (s. S. 28).

23 Castelvecchio [I7]
Die mächtige Burg der Skaliger, von den Habsburgern und Napoleon genutzt und umgestaltet, diente nicht als Schutzwall nach außen, sondern milderte die Furcht vor den eigenen Untertanen (s. S. 39).

26 Basilica di San Zeno [G6]
Eine der schönsten romanischen Kirchen in ganz Italien (s. S. 42).

30 Teatro Romano [K5]
Von den antiken Tribünen, die heute wieder zum Theatergenuss einladen, bietet sich ein herrlicher Blick auf Verona (s. S. 47).

VERONA ENTDECKEN

201ve Abb.: sk

Willkommen in Verona

Verona ist die ideale Destination für Spaziergänger und Radfahrer. Die kompakte Altstadt ist teils verkehrsberuhigt, teils Fußgängerzone. Streng wird darüber gewacht, dass keine Fahrzeuge unautorisiert in das Herz der Stadt eindringen. So kann man sich herrlich treiben lassen durch die Einkaufsstraßen, die engen Gassen und die mannschmalen Winkel zwischen mittelalterlichem Mauerwerk. Überall findet sich ein Plätzchen zum Ausruhen, sei es eine Bar, eine Grünfläche mit Bänken oder auch nur die Uferbewehrung der Etsch.

Die **Piazza Brà** 1 und die **Piazza delle Erbe** 8 sind immer stark belebt von Touristen, aber auch von Einheimischen, die sich ihre Stadt nicht nehmen lassen. Pantomimen verdienen sich mit Darstellungen mittelalterlicher Figuren und in Masken der *Comedia dell'Arte* ein Zubrot, altrömische Recken lächeln gemeinsam mit zierlichen Besucherinnen aus Asien in die Kameras (und erhalten einen Obolus dafür) und ganz Verona, jung und alt, scheint mindestens einmal am Tag die Plätze zu queren.

Wer es ruhiger mag, für den ist **Veronetta** am östlichen Etschufer eine gute Wahl. Je nach Geschmack bevorzugt man für eine ausgedehnte Pause den Park mit Fernsicht beim Castel San Pietro 31 oder die hochgemauerte und exklusive Abgeschiedenheit der grünen Oase des Giardino Giusti 35, der von außen so gar nicht ins Auge fällt.

◁ *Vorseite: Die Piazza Brà 1 ist die Flaniermeile Veronas*

Am schönsten aber ist es, sich **einfach treiben zu lassen** und immer wieder durch Zufall an einen sehenswerten Ort zu gelangen. Dies mag eine der vielen **Kirchen** sein, deren Geschichten von außen wie von innen es zu entdecken gilt, deren Vergangenheit jeder einzelne Stein aufgesogen hat: Sant' Anastasia 15, San Zeno 26, der Dom 17, San Bernardino 27 oder San Fermo 38.

Um eine Ecke biegend faszinieren plötzlich die Grabmäler der Skaligerherrscher 11, die hinter Schmiedeeisen hoch oben in marmornen Sarkophagen zur ewigen Ruhe gebettet liegen. In einer anderen Gasse verbreitert sich ein schmaler Durchschlupf zum Eingang einer Galerie, eines Museums oder eines Gartens in einem Palazzo. Oder die Kutschendurchfahrt führt zu einem Innenhof, in dem gleich rechts oben ein steinerner Balkon herausragt – doch hier, am Haus der Julia 12, herrscht schon wieder keine Ruhe mehr, hier stehen die Gäste aus aller Welt mit in den Nacken gelegtem Kopf, eine Kamera fest aufs Auge gedrückt und mit glücklichem Lächeln um den Mund: „Julia was here and I was with Julia".

Am Abend, wenn es kühler geworden, das Abendessen absolviert, die Oper aus ist, dann zieht es alle hinaus auf die Plätze und in die Gassen. Dann ist *corso* angesagt, das **Auf- und Abschlendern**, gemächlich, plaudernd, die Liebespaare sich an der Hand haltend. Männer disputieren vertraulich untergehakt die Familiengeschichte, Frauen führen ihren Freundinnen die letzte Mode ganz ohne Arg und List vor Augen. Und natürlich gibt es jene, die die Zeit nutzen, um ein wenig zu flirten.

013ve Abb.: sk

In einer endlosen Kolonne umkreisen die Menschen dann die **vollbesetzten Bars**, ein stetes Wispern zirpt durch Schluchten und über Flächen, bis sich weit nach Mitternacht die Menschentrauben ausdünnen. Nach und nach machen sich immer größere Gruppen auf den Heimweg und schließlich schwärmen nur noch Vereinzelte durch die Nacht.

Zeugen aus allen Epochen der italienischen Geschichte finden sich in der von der UNESCO im Jahr 2000 zum **Weltkulturerbe** erklärten Altstadt, die die Veroneser mit prallem Leben füllen. Noch nicht in den Bergen, noch nicht an der Adria gelegen, spielt die Stadt heute wie eh und je die Mittlerrolle zwischen beiden Welten: Romantisches, offenes Flair und freundliche Zurückhaltung vereinen sich auf das Beste.

Studierende verdienen sich an der Arena ein Zubrot mit Straßenkunst

Kurztrip nach Verona

Verona ist mit seiner in einer Schleife der Etsch liegenden lebendigen Altstadt übersichtlich. Hier befinden sich die meisten historischen Sehenswürdigkeiten aus allen nur erdenklichen Epochen – antikes Rom, die frühe Christenzeit, das Mittelalter, Napoleon, die Habsburger – und alles ist mit Leichtigkeit zu Fuß erreichbar. Es geht an den Ufern der Etsch entlang durch quirlige, enge Gassen, über weite Plätze, vorbei an zahlreichen Straßencafés und Boutiquen, die die neueste Mode in ihren Vitrinen ausstellen.

Tipp für Tagesbesucher
Wer nur einen Tag in der Stadt zur Verfügung hat, dem empfehlen wir den auf Seite 12 beschriebenen **Stadtspaziergang**.

008ve Abb.: sk

Erster Tag

Vormittags

Nach dem Frühstücksbüfett im Hotel – oder ganz italienisch: dem schnellen Espresso mit einem Gebäckstück in einer der Bars – geht es zur Piazza Brà 1 in die Arena di Verona 2 aus dem Jahr 30 n. Chr. Entlang der Via Mazzini 6 mit ihren unzähligen Modegeschäften erreicht man das Haus der Julia 12 und kämpft sich vor in den Innenhof mit dem berühmtesten Balkon der Weltliteratur, auf dem laut Shakespeare Julia dem unten stehenden Romeo lauschte. Das Innere des sehenswerten Hauses ist als Museum mit Gegenständen aus Shakespeare'scher Zeit eingerichtet.

Mittags

Ein Stück weiter westlich lädt die Locandina Cappello (s. S. 72) mit leckeren *crostini* zur Mittagspause ein. Am stilvollsten verspeist man sie im Gewölbekeller und flaniert dann weiter durch die Via Cappello 14 mit römischen Ausgrabungen. Mit der Piazza delle Erbe 8 – dem Heumarkt – folgt einer der absoluten Höhepunkte der Stadt. Den besten Blick von oben auf das mittelalterliche Ensemble mit seinen Marktständen bietet der Torre dei Lamberti 9. Wenige Schritte im Norden ragen die prunkvollen Skaligergrabmäler 11 hoch in den Himmel.

Nachmittags

Die **Basilica di Sant' Anastasia** 15 steht mitten auf der ehemaligen Römerstraße Via Postumia, die hier einst die Etsch querte. Wenige Schritte an der Etsch entlang dominiert der romanisch-gotische **Dom** 17 mit seinem berühmten Portal den Platz. Der **Ponte Pietra** 16 aus dem 1. Jh. führt hinüber ans andere Ufer nach Veronetta mit dem **Teatro Romano** 30 und seinem archäologischen Museum. Steigt man den Hügel ganz hin-

⌃ *Ein Kaffee am Morgen stärkt für den Tag*

auf zum **Castel San Pietro** 31, so wird man mit einem herrlichen Blick über ganz Verona bis hin zur Hügelwelt im Süden belohnt. Auf dem Nachhauseweg lockt die grüne Oase des **Giardino Giusti** 35.

Abends

Nach einem frühen Abendessen (rechtzeitiges Reservieren nicht vergessen!) verbringt man im Sommer natürlich den weiteren Abend in der **Arena** 2 – beispielsweise bei einer Verdi-Oper. Zu späterer Stunde dann lässt man es sich an den Bars der Piazza Brà oder auch an dem Ponte Pietra mit Blick auf das römische Theater mit einem Cocktail gut gehen.

Zweiter Tag

Morgens

Von der Piazza Brà führt die Via Oberdan zur **Porta Borsari** 21, früher der südwestliche Eingang zur römischen Stadt. Die gleichnamige Straße lädt zum Einkaufen ein. An den imposanten *palazzi* des Corso Cavour [I6] vorbei geht es zur Zwingburg der Skaliger: Das **Castelvecchio** 23 stammt aus dem 14. Jh. Im Inneren sind die Bild- und Skulpturenschätze der Stadt ein Fest fürs Auge, das **Museo Civico** besticht aber auch durch seine Architektur, die die Gestaltung der Ausstellungsräume vollständig den Bedürfnissen des Betrachters unterordnet.

Mittags

Über die mittelalterliche Brücke Ponte Scaligero 24 erreicht man das **Arsenale Austriaco** 25. Irgendwann soll dies ein „Ars District" mit Ausstellungen und Veranstaltungen werden, heute ist die ehemalige österreichische Kaserne mehr oder weniger noch eine Ruine. Man geht nun entweder über die Brücke zurück und am Etschufer entlang oder hinter dem Arsenal nach Westen, über den Ponte Risorgimento [G5] und weiter

Die Case dei Mazzanti an der Piazza delle Erbe 8 *tragen markante Fresken*

202ve Abb.: sk

zur Piazza San Zeno [F/G6]. Hier ist Zeit für eine Stärkung – entweder im netten Innengarten der Trattoria Ai Piloti (s. S. 68) oder in einem jener Lokale, in denen die Arbeiter und Angestellten für ein günstiges und schnelles Mittagessen einkehren (wie die Osteria Abazia, s. S. 43).

Nachmittags

Eine gute Stunde sollte man sich schon Zeit lassen für die Besichtigung der **Basilica di San Zeno** 26, der schönsten romanischen Kirche Italiens, die man durch den Kreuzgang betritt. Auf dem Rückweg zur Piazza Brà sollte der **Convento San Bernardino** 27, ebenfalls mit Kreuzgang, nicht vergessen werden. Der nahe gelegene Stradone Porta Palio verbindet das Zentrum mit den mittelalterlichen Befestigungen rund um die Porta Palio [G8] von 1547. Auch die Österreicher haben sich hier einst mit starken Wehrgebäuden verewigt, heute bringt die grüne Parkanlage **Parco della Mura** 28 den ersehnten Schatten im Sommer.

Abends

Vor dem Abendessen sollte man sich einen **Einkaufsbummel** in der verkehrsberuhigten Altstadt gönnen. Sicherlich sind Via Mazzini 6 und Porta Borsari 21 die bekanntesten Einkaufsstraßen, doch wird man auch in den Nebengassen fündig.

Nach dem Essen ist **Flanieren auf der Piazza Brà** angesagt. Ganz Verona ist nun unterwegs, unterhält sich, kehrt für einen Drink oder einen Espresso ein und lässt den Abend langsam ausklingen. Wer nun noch nicht genug hat, geht in eine Disco, eine Pianobar oder in eines der Lokale mit Livemusik (siehe „Verona am Abend", Seite 71).

Stadtspaziergang

Wer nur einen Tag Zeit hat für Verona, kann auf einem Spaziergang einen Blick auf die wichtigsten Sehenswürdigkeiten der Stadt werfen. Der **Rundgang** beginnt auf der weiten **Piazza Brà** 1, in deren Mitte sich der weltbekannte Open-Air-Schauplatz für Opern erhebt, die antike **Arena** 2. Über die sich nördlich anschließende Via Mazzini 6 gelangt man zum Wohnzimmer der Stadt, der **Piazza delle Erbe** 8 mit dem mächtigen Torre dei Lamberti. Romantiker sollten unbedingt einen kleinen Abstecher zum südöstlich gelegenen **Haus der Julia** 12 machen, um einen Blick auf den berühmten Balkon zu erhaschen.

Zurück an der Piazza delle Erbe gelangt man durch die kleine Via S. Maria Antica zur rechteckigen, saalähnlichen **Piazza dei Signori** 10, die diverse Palazzi umgeben. Von hier aus sind es nur ein paar Schritte zu den berühmten **Skaligergräbern** 11, Zeugnisse feinster Steinmetzkunst.

Über die Piazza Indipendenza und den modernen Ponte Nuovo [K6] gelangt man auf die andere Seite der Etsch. An der ufernahen Piazza S. Tomasa würde sich eine Stärkung in der **Pizzeria da Salvatore** (s. S. 69) anbieten. Von der Pizza gesättigt, geht es über die Via Carducci zum **Giardino Giusti** 35, grüne Renaissance-Oase und idealer Ort für eine ausgedehntere Mittagspause.

Auf dieser Flussseite lohnt auch das nördlich gelegene **Teatro Roma-**

Routenverlauf im Stadtplan

Der hier beschriebene Spaziergang ist mit einer farbigen Linie im Stadtplan eingezeichnet.

203ve Abb.: sk

no 30 mit dem über ihm liegenden **Castel San Pietro** 31 einen Besuch. Der **grandiose Rundblick** über Stadt und Umland vom Castel lässt den mühsamen Aufstieg vergessen.

Über den schon in der Antike errichteten **Ponte Pietra** 16 betritt man wieder die Altstadt auf der anderen Etschseite. Hier bietet sich ein Abstecher westwärts zum **Duomo** 17 mit typischer Streifendekor-Fassade an. Vom Ponte Pietra in südöstlicher Richtung geht es am Ufer der Etsch entlang zur **Basilica di Sant' Anastasia** 15, in deren Innerem die kunstvollen Fresken begeistern.

Über den breiten Corso Anastasia/ Porta Borsari/Cavour flaniert man anschließend in südwestlicher Richtung zur mächtigen Fluchtburg der Scaliger, dem **Castelvecchio** 23. Von hier aus sind es nur ein paar Schritte die Via Roma [I7] entlang zum **Ausgangspunkt** des Rundgangs, der Piazza Brà 1. Wer jetzt noch Zeit hat, sollte eines der **Terrassenlokale** am weitläufigen Platz aufsuchen und so den Veronabesuch stilvoll ausklingen lassen.

Blick auf die Festung von San Pietro 31 *am östlichen Ufer der Etsch*

Das gibt es nur in Verona

- **Die berühmteste Liebesgeschichte der Welt:** Romeo und Julia und ihre Häuser (Haus der Julia 12 und des Romeo 13)
- **Die schönste Opernbühne Europas:** die Arena di Verona 2
- **Pan d'Oro:** Veronas delikater Kuchen erobert die Welt (s. S. 62).
- **Eine Brücke aus Stein, die nur Fürsten betreten durften:** die Ponte Scaligero 24

Die Altstadt

Der Bummel durch das „centro storico“ entführt in schmale Gassen und auf lebhafte Plätze, wo die Architektur noch heute Zeugnis ablegt von der Stadtgeschichte von der Römerzeit bis zu Venedigs Herrschaft. Doch ist die Altstadt nicht nur Museum, hier befindet sich entlang der Via Mazzini und ihrer Nebengassen zudem Veronas Shoppingmeile mit Boutiquen bekannter Designer und großer Bekleidungsketten. In der weitgehend verkehrsberuhigten Zone ist man idealerweise zu Fuß oder (bei wenig Touristen) auch mit dem Rad unterwegs.

An der Piazza Brà

1 Piazza Brà ★★★ [J7]

Die Piazza ist der Empfangssalon der Stadt. Wer in das alte Zentrum vorstoßen will, kommt an der Piazza Brà nicht vorbei. Viele Restaurants und Bars haben ihre Stühle und Tische auf die breiten Gehwege gestellt und es gibt kaum eine Jahreszeit, an denen diese nicht gut besetzt sind.

Braida bzw. Brà (abgeleitet vom deutschen Wort „breit“) hieß die weite Ebene vor den Stadttoren und auch heute noch zeigt sich der Platz als **weite, offene Fläche,** die umgeben ist von den Palazzi aus dem Mittelalter. An seiner nördlichen Seite ragt die eindrucksvolle antike Arena empor, in der Mitte des Platzes laden Bänke unter dem Schatten hoher Bäume und ein Springbrunnen zum Verweilen ein. Edellokale, aber auch einfache Imbisse am Platz erlauben während des Essens genussvolle Ausblicke auf das Treiben, das stete Auf und Ab der Spaziergänger und auf die historischen Bauten. **„Liston“** nennen die Veroneser die breiten, mit rosafarbenen Marmorplatten aus dem Valpolicella belegten Bürgersteige, die aber hauptsächlich von den Lokalen genutzt werden. Deshalb schlendert man, ungestört von Autos und Vespas, kreuz und quer über den unregelmäßig geformten Platz.

Als man im 16. Jh. das ehemalige römische Forum Boario zum **größten Platz Veronas** – und einem der größten Plätze Europas – umgestaltete, zeichnete u. a. der bedeutende Renaissancearchitekt Michele Sanmicheli für die Gestaltung und die Randbebauung der Piazza verantwortlich. In der Mitte des Platzes erinnert ein **Reiterstandbild** an den italienischen König Vittorio Emanuele II. (1820–1878). Das Monument wurde zu dessen 5. Todestag am 9. Januar 1883 enthüllt.

Der Springbrunnen im Park ist jüngeren Datums. Die **Fontana delle Alpi** (Alpenbrunnen, auch Münchner-Kindl-Brunnen) wurde 1974/75 gestiftet anlässlich der Einführung der Städtepartnerschaft zwischen Verona und München. Der Volksmund nennt sie *struca limoni* – Zitronenpresse –, da ihre Form entfernt an eine solche erinnert. München erhielt im Gegenzug eine bronzene Juliafigur, die am dortigen Alten Rathaus steht. Ebenfalls anlässlich der Städtepartnerschaft wurde unter den Bäumen der Piazza Brà ein **Gedenkstein** für die in deutsche Konzentrationslager verschleppten Italiener aufgestellt.

Im südöstlichen Bereich fällt die ockerfarbene, klassizistische Fassade des mit Kolossalsäulen und wuchtigem Giebelportikus 1840 als Gran Guardia Nuova errichteten Gebäudes auf. Seit 1869 wird es als Rathaus genutzt – der **Palazzo Municipale.** Mit

079ve Abb.: sk

dem Bau entledigten sich die Habsburger des verrufenen Viertels Sant' Agnese, das dafür dem Erdboden gleichgemacht wurde. Das Halbrund an der Hinterseite des Palazzo fügte man erst 1950 an. An der Südseite steht die alte Gran Guardia ③ mit ihrem Arkadenunterbau, in dem österreichische Truppen stationiert waren. Die Loggia hatte nicht nur eine ästhetische Funktion, in ihr wurde exerziert.

② Arena ★★★ [J7]

Das nach dem Kolosseum in Rom und der Spielstätte von Capua drittgrößte erhaltene altrömische Amphitheater Italiens beherrscht von der nördlichen Seite her die Piazza Brà. Im Sommer, während der Spielsaison, pilgern Operfreunde aus der ganzen Welt hierher und genießen in ausgezeichneter Akustik die Aufführungen von Verdi und Compagnie.

In der zweiten Hälfte des 1. Jh. n. Chr. sorgte das Kaisergerschlecht der Flavier für Brot und Spiele auch in der Provinz und ließ die Arena errichten. Aus der Valpolicella kamen die Steine, welche die Steinmetze passgenau behauen ohne Mörtel aufeinandertürmten. Fast 400 Jahre konnten nun Gladiatoren und die Bestien der Tierwelt Afrikas im Kampf gegeneinander die Massen erfreuen. Im Jahr 404 schließlich verbot Kaiser Honorius die Gladiatorenspiele und Wettkämpfe. Ursache hierfür war der Lynchmord an dem christlichen Mönch Telemachos in Rom, der im Kolosseum die Besucher ungebetenerweise dazu aufgerufen hatte, vom blutigen Wahnsinn der Spiele, der im Lauf der Zeit Hunderttausende das Leben gekostet hatte, abzulassen.

Im 12. Jh. zogen mehrere Erdbeben das ursprünglich 152 m lange und 113 m breite Bauwerk schwer in Mitleidenschaft. Die **ringförmi-**

Die Arena ist der Hauptanziehungspunkt der Stadt

ge **Umfassungsmauer** wurde größtenteils zerstört und das heutige Außengemäuer war ursprünglich der schmucklose Innenbereich, dem die ehemalige, mit Säulen verzierte Ringmauer vorgeblendet war. Nur ein vier Bögen breiter und drei Geschosse hoher Rest der Vorblendung existiert seitdem noch, den die Veroneser einfach *l'ala* („Flügel“) nennen. Damit war die Arena auf das heutige Maß von 138 m Länge und 109 m Breite verkleinert.

Im Mittelalter wurde sie zum **Steinbruch** und nicht wenig Baumaterial aus ihr herausgebrochen – nicht zuletzt, um Kirchen zu errichten. In der Renaissance entschied schließlich die venezianische Regierung, sich auf das Erbe zu besinnen und Restaurierungsarbeiten durchzuführen. Schon damals wollte man die Arena für Veranstaltungen nutzen, was wohl auch sporadisch, aber nicht durchgängig geschah. Die ehrwürdigen Mauern sahen so die Comedia dell'arte (italienische Stegreifkomödie), Konzerte und Stierkämpfe. Zu Beginn des 20. Jh. kam es dann zu regelmäßigen Aufführungen in der Arena. Die **ausgezeichnete Akustik** machte und macht es möglich, 22.000 Menschen, die auf den Stufen des Inneren Platz fanden, auch ohne moderne Technik an den Kunstgenüssen teilhaben zu lassen. Mit der ersten Aufführung der Neuzeit 1913 – Verdis Aida – waren die Opernfestspiele begründet.

Zur Besichtigung betritt man die Arena durch die **Katakomben** an der Südostseite. Hier kann man sich gut vorstellen, warum den Veronesern des Mittelalters das Bauwerk als Labyrinth des Teufels galt. Die tatsächlich blutgetränkten Mauern der dunklen Gewölbe, das Gewirr der Gänge mögen bei Fackelschein dem Abergläubischen unheimlich gewesen sein. Auch heute erleuchten die Glühbirnen nur spärlich das Dunkel und man atmet auf, wenn man hinaustritt in das **weite Oval aus hellem Stein.** Während der Opernsaison stehen Tausende Stühle im Rund, in der Nachsaison hat man die Arena blankgeputzt von aller Technik für sich allein. Blau spannt sich der Himmel, hie und da sitzt ein Liebespaar auf den Stufen und bannt den Moment für die Familie zu Hause auf einem Foto. Wer Zeit hat, kann sich im weiten Rund bequem niederlassen, ein Buch lesen und die Seele baumeln lassen.

Die **Opernfestspiele** beginnen jedes Jahr im Juni und enden Anfang September. Rund 400.000 Opernbesucher aus aller Welt sind dann in der Stadt, die Hotels quellen über, viele Restaurants sind ausgebucht – die Stadt ist in einer Art Ausnahmezustand. Wer eine Karte ergattert hat, betritt die Arena durch einen der 70 Eingänge. Die teuren nummerierten und bestuhlten Plätze auf dem Grund sind häufig von jenen besetzt, die sich in eine elegante Abendgarderobe werfen. Ihre Mühe belohnt das Publikum auf den Rängen manchmal mit Szenenapplaus: je festlicher das Gewand, desto herzlicher.

Die billigeren Plätze ohne Nummerierung sind schon mehrere Stunden im Voraus eingenommen. Wer sich auskennt, hat ein Picknickkörbchen dabei und ein Sitzkissen, wer Neuling ist, muss sich die Polsterung ausleihen. Dann senkt sich die Sonne, es wird dunkel, das Orchester setzt zur Ouvertüre ein. Jeder illuminiert mit dem Handy seinen Platz. Und wenn der erste Sänger die Bühne betritt, erlischt alles, was nicht dazu gehört, die Scheinwerfer blenden auf – das Spiel beginnt.

› Piazza Brà, Tel. 045 7110129, Di.-So. 9-19, letzter Einlass 18, bei Aufführungen ca. 15 Uhr, Eintritt 12 € oder VeronaCard, Nov.-März jeden ersten So. im Monat Eintritt 1 €
› **Karten für die Opernfestspiele:** Via Dietro Anfiteatro 6b, Tel. 045 8005151, www.arena.it; **Abendkasse:** Via Dietro Anfiteatro 6b (am nördlichen Eingang)

3 Palazzo della Gran Guardia ★ [I7]

Auf das Jahr 1610 geht der Palazzo della Gran Guardia zurück, die „Große Wache". Die **Loggia** im Erdgeschoss wurde von Domenico Curtoni, einem Schüler Sanmichelis, großzügig gestaltet, in ihr sollte schließlich trockenen Fußes und Hauptes exerziert werden können. Das Treppenhaus und Teile des Obergeschosses wurden erst im Jahr 1850 fertiggestellt.

Das Erdgeschoss zitiert die Architektur der palladianischen Schule, die Doppelsäulen des Obergeschosses imitieren Sanmichelis Porta Palio (siehe Parco della Mura 28). Heute ist die Nutzung der Wache friedlicher und intellektueller Natur. Sie dient als **Kongressplatz** und als **Galerie** für temporäre Ausstellungen.

4 Portoni della Brà ★ [I7]

Durch die Portoni della Brà, die Tore der Brà, gelangt man auf den Corso Porta Nuova, der die Altstadt mit den Befestigungsmauern im Süden und dem dahinterliegenden Bahnhof [G9] verbindet. Ursprünglich waren die zwei großen, mit Zinnen bekrönten Bögen der Portoni nicht als Stadttor gedacht. Sie wurden angelegt als ein Teil **eines Verbindungsgangs** zwischen dem Castelvecchio 23 und der *cittadella,* dem riesigen Gebäudekomplex der Zitadelle, von der bis auf Reste der Stadtmauer nichts mehr erhalten ist.

Die Zitadelle und einen der Bögen der Portoni schuf Gian Galeazzo Visconti im 14. Jh. im Zuge der Erstellung des Stadtmauerrings, der zweite Bogen wurde Ende des 15. Jh. angefügt. Ebenfalls auf Visconti geht der östlich anschließende Turm, der fünfeckige **Torre Pentagona** (1390), zurück.

5 Museo Lapidario Maffeiano ★★ [I7]

Marchese Maffei war ein leidenschaftlicher Sammler archäologischer Funde. Im Atrium der Accademia Filarmonica hat noch er selbst die schönsten archäologischen Stücke für die Öffentlichkeit zusammengestellt.

Francesco Scipione Maffei (1675–1755) wurde in Verona geboren, studierte in Parma und zog anschließend in den Kampf, um die Bayern beim spanischen Erbfolgekrieg zu unterstützen. Danach verlegte er sich auf das Geistesleben, schrieb Theaterstücke und interessierte sich zunehmend für die Archäologie seiner Heimatstadt. Als **eine Art Universalgenie** beschäftigte er sich aber auch mit den Naturwissenschaften und ließ ein Observatorium errichten.

Das Museum entstand zwischen 1718 und 1727. Maffei ließ die den Hof der Akademie umgebende Mauer mit einem Wetterdach decken und 230 Inschriften befestigen. Im Hof wurden **Reliefs, Urnen, Sarkophage, architektonische Fragmente und Skulpturen** aufgestellt. Napoleons Truppen plünderten das Museum zu Beginn des 19. Jh. Wenn auch die meisten Stücke zurückgegeben wurden, einige besonders wertvolle Exemplare verblieben bis heute im Louvre. 1882 übernahm die Kommune die An-

080ve Abb.: sk

Akademie des Scipione Maffei (5)

lage. Die Behebung der Zerstörungen von 1945 dauerte 20 Jahre.

Das Lapidarium besitzt fast den **Charakter eines Wohnzimmers.** Die wuchtige Vorhalle der Accademia Filarmonica wacht über die marmornen Zeitzeugen der Etrusker und Römer. Maffeis erklärtes Ziel war es, auch dem einfachen Volk die klassische Zeit nahezubringen, auf dass es sich an sein antikes Erbe erinnere und aus diesem lerne.

Im ersten Stock findet sich die **größte Sammlung an griechischen Grabinschriften** (5. Jh. v. Chr. bis 4. Jh. n. Chr.) in Italien mit Darstellungen aus dem täglichen Leben der Verstorbenen. Bereits Goethe war von den Inschriften tief beeindruckt. Die zweite Etage zeigt etruskische Urnen, Funde aus frühvenetischer Zeit und einen römischen Sarkophag mit einem Jüngling (3. Jh. n. Chr.).

› Piazza Brà 28, Tel. 045 590087, https://museomaffeiano.comune.verona.it, Di.–So. 10–18 Uhr, Eintritt 6 € oder VeronaCard

(6) Via Mazzini ★ [J7]

Die direkteste Verbindung zwischen Piazza Brà (1) und Piazza delle Erbe (8) ist die Via Mazzini. In großen Gruppen ziehen die Touristen hindurch und folgen ihrem Guide, blanke Schaufenster mit gleißend illuminierter Mode begleiten die Besucher auf ihrem Weg von der Arena (2) zur Casa di Giulietta (12). Alle großen Modemarken Italiens sind vertreten, aber auch kleine exklusive Boutiquen bieten hier **Kleidung und Accessoires** an.

Die Straße wurde 1907 nach dem Philosophen und Politiker Giuseppe Mazzini (1805–1872) benannt, der in der Bewegung des *Risorgimento* (s. S. 95, „Von den Anfängen bis zur Gegenwart“) für die Einheit Italiens kämpfte.

(7) Corte Sgarzerie ★★ [J6]

Die **archäologische Zone** entführt Besucher in vergangene Zeiten und schlägt einen Bogen von den Alten Römern bis zum Mittelalter. Der **Kryptoportikus** aus dem 1. Jh. v. Chr. ist ein **unterirdischer Gewölbegang**, der den bedeutendsten Tempel der Stadt – Jupiter, Minerva und Juno geweiht – unterhalb seines Säulengangs an drei Seiten umgab. Im 4. Jh. teilweise eingebrochen, wurde der Gang im 12. Jh. wiederentdeckt und als Keller, als Eisraum und für die Fundamentierung eines Wohnturms genutzt.

› Corte Sgarzerie 8, Tel. 347 2213090 (tgl. 10–13 Uhr), www.archeonaute.it, Sa./So. 9–13 Uhr, Eintritt frei, Führung 8 €

Rund um die Piazza delle Erbe

8 Piazza delle Erbe ★★★ [J6]

Ist die Piazza Brà der Empfangssalon der Stadt, so gilt die Piazza delle Erbe als ihr Wohnzimmer. Restaurants und Cafés haben ihre Stühle und Tische auf den Bürgersteig gestellt, die Marktbuden verkaufen eingerahmt von den mächtigen Palästen Kitsch und Obst und über den ganzen Platz sind kleine Monumente verteilt.

Der Heumarkt war einst das *forum romanum,* der zentrale Platz des altrömischen Verona, auf dem sich wie heute das politische, wirtschaftliche und gesellschaftliche Leben konzentrierte. Auf der Südwestseite des langgestreckten Platzes zwischen Corso Porta Borsari und Via Pellicciai befand sich das Kapitol, die Häuser stehen auf dessen Fundamenten.

Die Nordwestseite des Platzes dominiert der barocke **Palazzo Maffei,** 1668 von Rolando Maffei errichtet. Ganz im Stil der Zeit legte man Wert auf eine massige Wirkung der Fassade, die mit zahlreichen Ornamenten bestückt wurde. Die Terrasse bepflanzte man mit einem hängenden Garten. Die Attika (= Halbgeschoss zur Verdeckung des Daches) ist mit einer skulpturengeschmückten Balustrade ausgestattet: Die griechischen Götter Herkules, Zeus, Aphrodite, Hermes, Apoll und Athene (von links) schauen auf das Marktleben hinunter. Im Erdgeschoss befindet sich ein Restaurant, in den oberen Etagen die sehenswerte **Gemäldesammlung von Luigi Carlon** mit 350 Werken von der Antike bis zur Gegenwart, darunter Arbeiten von Altichiero und Liberale da Verona, Picasso, Magritte und Ernst. Das Ticket erlaubt auch den Besuch der **Dachterrasse** mit fantastischem Ausblick.

Neben dem Palazzo Maffei endet der **Torre del Gardello** in beeindruckender Höhe. Er wurde 1370 unter dem Skaliger Cansignorio als Uhrtum errichtet. Jede Stunde schlug die Glocke an. 1421 ergänzte man das Ziffernblatt mit Zeiger, sodass die Zeit für jeden Bürger nicht nur hör-, sondern auch sichtbar war. Der glockenförmige Dachabschluss wurde 1626 aufgesetzt. Vor dem Palazzo Maffei erinnert die marmorne **Colonna di San Marco** mit einem geflügelten Löwen auf der Säulenspitze an die ehemaligen Herr-

035ve Abb.: sk

⊳ *Die Piazza delle Erbe (vom Torre dei Lamberti* 9 *aus gesehen)*

scher der Stadt. Venedigs Löwe war in der Zeit der *Serenissima* allgegenwärtig und wurde 1523 in Verona aufgestellt. 1797 zerstörten napoleonische Truppen den Löwen, 1883 hat man die Säule wiedererrichtet.

Die **Tribuna** aus dem 16. Jh. inmitten des Platzes ist ein kleiner Baldachin, den man zur Kontrolle des Marktes aufstellte. Leicht erhöht konnte die Gewerbeaufsicht die Vorkommnisse auf dem Platz bestens beobachten. Wer sich etwas zuschulden kommen ließ, der wurde von der Obrigkeit an der Tribuna angekettet und musste unter dem Gespött der Umstehenden seine Strafe erleiden. Auch war dies der Platz der Verlesung von Gesetzen, der Amtseinführungen und Eidschwüre auf die Stadt.

Die **Fontana di Madonna Verona** stammt von 1368. Man verwendete eine in der Umgebung des ehemaligen Kapitols gefundene Skulptur aus dem 1. Jh., restaurierte sie und gab ihr ein Spruchband in die Hände, auf dem die Stadt und die alte Zeit besungen werden. Die **Colonna del Mercato** ließen die Visconti 1401 im gotischen Stil errichten, ihr Wappen ist noch auf der Säule zu sehen. Neben ihr blickt der Dichter Roberto Tiberio Barbarani (1872–1945) als **Bronzeskulptur** in natürlicher Größe über den Platz. Der Poet hat viele Werke im Veroneser Dialekt geschrieben.

Auf der Südwestseite des Platzes steht das **Domus Mercatorium**, das Haus der Händler, 1301 unter den Skaligern erbaut. Die zinnenbewehrte, zweistöckige *casa dei mercatori* hat im Lauf der Zeit mehrere Veränderungen erlebt, ursprünglich war das Erdgeschoss vollständig als Loggia angelegt. Auf der gegenüberliegenden Seite fallen die Renaissancefresken an der langgestreckten Fassade zum Corso Sant' Anastasia hin ins Auge. Die **Case dei Mazzanti** wurden im 14. Jh. gebaut und das Obergeschoss stand im Besitz der Skaliger, die es als Speicher für kommunale Weizenvorräte nutzten. Im Erdgeschoss waren Läden und Werkstätten untergebracht, 1480 fügte man eine Vorhalle an. Als das Anwesen 1517 in den Besitz der Familie Mantazzi überging, beauftragte diese die Freskenmaler Alberto Cavalli, Gian Francesco Caroto und Nicolò Giolfino mit der Ausführung der Allegorien über die Unwissenheit, den Neid, die Barmherzigkeit und die Mäßigung.

› **Markt auf der Piazza delle Erbe:** tgl. ab 8.30 Uhr. Die Lebensmittelstände schließen meist am frühen Nachmittag, Souvenirs werden bis in die Abendstunden verkauft.

› **Palazzo Maffei Casa Museo,** Piazza Erbe 38, Tel. 045 5118529, https://palazzomaffeiverona.com, Do.–Mo. 10–18 Uhr, Eintritt 15 €, mit VeronaCard 7 €

9 Palazzo del Comune mit Torre dei Lamberti ★★★ [K6]

Zwischen dem Wohnzimmer der Stadt, der Piazza delle Erbe, und dem Arbeitszimmer, der Piazza dei Signori, wuchtet sich der Palazzo del Comune in den Himmel, das älteste Rathaus Italiens. Vom Turm des Palazzo, dem Torre dei Lamberti, genießt man den besten Ausblick auf Verona.

Auf das Jahr 1193 (vielleicht auch auf 1138) geht der auch Palazzo della Ragione (Justizpalast, Palazzo del Comune) genannte, vierflügelige Bau zurück. Den Auftrag für die Errichtung gab der *Podestà* Guglielmo da Osa.

Über der berühmten Freitreppe Scala della Ragione im Innenhof des Palazzo del Comune thront der Torre dei Lamberti

Ursprünglich war der Palast mit vier Türmen befestigt, von denen einer noch als Stumpf und allein der Torre dei Lamberti noch in voller Höhe erhalten ist. Die für die Romanik typische Fassade wurde im Materialwechsel zwischen Tuffstein und Ziegel streifig gestaltet.

1218 verwüstete ein Feuer den Palazzo und der Wiederaufbau schuf die Anlage in der derzeitigen quadratischen Form. 1541 und 1723 zerstörten erneut Feuer weite Teile des Gebäudes. Zur Piazza delle Erbe **8** hin ist die Nebenfassade in klassizistischer Manier verkleidet (1810), bei den anderen Fassaden sind die klassizistischen Elemente zurückgebaut worden. An der Piazza dei Signori **10** zeigt sich der Palast im Stil der Renaissance (Umbau 1524).

Der Palast war **Sitz der Stadtverwaltung**, des Zivil- und Strafgerichts, der Notariatskammer, des Zollamts für Seide und der Steuerbehörde und beherbergte ein Weizen- und Salzlager. Im Saal des Obergeschosses tagte der Große Rat der Stadt. Die trotz ihrer Größe zierlich wirkende Freitreppe im Innenhof unterhalb des Torre dei Lamberti – die **Scala della Ragione** – entstand 1447. Der **weite Innenhof mit Arkaden** war ursprünglich ein Markt, heute finden hier im **Cortile del Mercato Vecchio** wie im Teatro Romano **30** die Aufführungen des Veroneser Sommertheaters statt.

Im Palast öffnete 2014 die früher im Palazzo Forti residierende **Galleria d'Arte moderna Achille Forti** ihre Tore. Die ständige Ausstellung umfasst **Werke historischer und zeitgenössischer Künstler** der letzten zwei Jahrhunderte. Dazu gehören Francesco Hayez, Cindy Sherman, Guido Trentini, Vanessa Beecroft, Felice Casorati und Giulio Paolini. Ihre

081ve Abb.: sk

Arbeiten wurden vier Themenkreisen – mit besonderem Augenmerk auf den Wandel der Sichtweisen – zugeordnet: Raum, Objekt, Ansicht und Substanz.

Der 83 m hohe **Torre dei Lamberti** war der einzige Turm der Stadt in Privatbesitz, die Familie Lamberti ließ ihn 1172 errichten. 1464 kam das achteckige Turmgeschoss hinzu, in dem die beiden Glocken „Rengo" (die bei Gefahr zu den Waffen rief) und „Marangona" (die den Bauern den Arbeitsschluss und auch Feuer in der Stadt anzeigte) hängen. Um auf die Aussichtsplattformen zu gelangen, gibt es den schnellen Weg mit dem Aufzug oder den mühseligen, aber gesünderen über die Treppen. 243 Stufen sind es, bis man die obere Station des Liftes erreicht, dann geht es auch für die Bequemlicheren nur zu Fuß weiter, 46 Stufen bis zur ersten Plattform, weitere 56 bis zur zweiten und nochmal 23 bis zum höchsten Aussichtspunkt – insgesamt also 368 schweißtreibende Schritte.

Auf der obersten **Aussichtsplattform** kann man einmal im Kreis gehen und aus luftiger Höhe bis in die Hügelwelt von Custozza blicken, wo Radetzky 1848 eine Schlacht gewann, nach der Johann Strauss (der Vater) den nach ihm benannten Radetzkymarsch komponierte. Bei Solferino nahebei fand elf Jahre später nochmals ein Blutbad statt. Der Genfer Geschäftsmann Henry Dunant veröffentlichte unter dem Eindruck der Schrecken der Schlacht von Solferino und der katastrophalen medizinischen Zustände nach der Schlacht ein weithin beachtetes Buch mit dem Titel „Eine Erinnerung an Solferino", dessen Ergebnis die Gründung des Roten Kreuzes ist. 1864 schließlich wurde die Genfer Konvention unterzeichnet und das Rote Kreuz nahm das erste Mal an Kriegshandlungen teil.

› **Torre dei Lamberti** 🯅: Cortile Mercato Vecchio, Tel. 045 9273027, www.torredeilamberti.it, Mo.–Fr. 10–18, Sa./So. 11–19 Uhr, Kassenschluss 45 Min. vor Ende, Eintritt 6 € oder VeronaCard, Lift 1 € extra

› **Galleria d'Arte moderna Achille Forti:** Cortile Mercato Vecchio 6, Tel. 045 7110129, https://gam.comune.verona.it, Di.–So. 10–18, Kassenschluss 17.30 Uhr, Eintritt 6 € oder VeronaCard

10 Piazza dei Signori ★★★ [K6]

Die rechteckige Piazza dei Signore ähnelt einem großen Saal, den man durch einen der fünf wie Tore wirkenden Durchgänge betritt. Steht man in der Mitte neben der Statue Dante Alighieris, fühlt man sich fast so erhaben wie in einer Kirche.

Der Platz war und ist das **Arbeitszimmer der Stadt.** In den Palazzi residierte der *Podestà,* arbeitet die Provinzregierung und das Gericht hat den ehemaligen Wohnsitz des Cansignorio della Scala bezogen. Die Prachtfassade des Palazzo del Comune 9 weist auf die Piazza dei Signori, die auch **Piazza Dante** genannt wird. In ihrer Mitte blickt der große italienische Dichter auf einem Podest und in Stein gehauen in die Ferne. Am 14. Mai 1865 enthüllte man das Denkmal in den frühen Morgenstunden, da – so das Kalkül – zu der Zeit die herrschenden Österreicher noch schliefen und nicht an der zum nationalitalienischen Ereignis erklärten Zeremonie teilnehmen würden.

Seinen Rücken hat er der **Loggia del Consiglio** zugewandt, dem prächtigsten Bauwerk des Ensembles. Es soll Fra Giocondo als Urheber haben. Baubeginn war 1476, 17 Jahre später wurde der Bau abgeschlossen. Beste venezianische Renaissance hat hier ihren Ausdruck gefunden und die Loggia ist auch der wichtigste Vertreter dieses Stils in Verona. Die feine Fassadengliederung mit ebenerdiger Loggia, säulengetragenen Doppelfenstern und den Statuen am Gesims verstärkt die pastellene Farbgebung, die mit den angebrachten Ornamenten spielt. Die Statuen von Alberto da Milano zeigen den stolzen Bürgern antike Geistesgrößen, von denen man glaubte, dass sie in Verona das Licht der Welt erblickten: Gaius Valerius Catullus (Dichter aus dem nahen Sirmione), Plinius der Ältere (Gelehrter aus Como), Aemilius Macer (Dichter aus Verona), Marcus Vitruvius Pollio (Schriftsteller und Architekt unbekannter Herkunft) und

Cornelius Nepos (Historiker unbekannter Herkunft).

Links neben der Loggia bekrönt die **Figur des Girolamo Fracastoro** (1478–1553) den Durchgang. Der Sohn der Stadt, Dichter, Arzt und Bekannter des Kopernikus, wurde unsterblich, weil er als erster den Krankheitsbegriff der Syphilis prägte (und ein Gedicht über sie verfasste). Er gilt als Vorreiter der modernen Mikrobiologie.

Rechts der Loggia schließt sich der von Zinnen gekrönte Backsteinbau des **Palazzo del Podestà** (auch Palazzo del Governo) an. Dieser war Sitz der Skaligerfamilie, bevor die Präfektur dort einzog. Seine Anfänge gehen auf das 12. Jahrhundert zurück. In ihm wohnten bei ihren Aufenthalten in der Stadt Dante Alighieri und auch der Florentiner Maler Giotto di Bondone (1267–1337). Dieser bemalte während seines Aufenthalts den Festsaal, von seiner Arbeit ist aber leider nichts mehr erhalten. Durch das von Sanmicheli 1532 als Triumphbogen geschaffene Portal gelangt man in den **Innenhof** des Palazzo. Lediglich Reste gibt es von den Fresken Altichieros an der Hofloggia zu sehen.

Der sogenannte Costa-Bogen verbindet den Palazzo del Podestà mit dem Palazzo del Capitano. Einen direkten Zugang zwischen den beiden schuf der Balkon über die gesamte Breite des erstgenannten Gebäudes. Der Costa-Bogen heißt auch **Arco della Tortura** – hier hingen die Folterwerkzeuge, mit denen die venezianischen Richter die Wahrheit herauszufinden gedachten.

Der **Palazzo del Capitano** (auch Palazzo dei Tribunali) ist mit dem Palazzo del Comune 9 durch einen Bogen verbunden. Das Gebäude stammt aus dem Jahr 1575 und entstand unter den Rektoren Nicolò Barbarigo und Luigi Contarini. Der zinnenbewehrte Wehrturm stammt aus der zweiten Hälfte des 14. Jh., die Fassade aus dem 16. Jh. ebenso wie das von Sanmicheli geschaffene Portal. Im Innenhof des ehemaligen Sitzes der venezianischen Rektoren und einer Artillerieschule ist die mit zwei Kanonen als Säulen geschmückte **Porta Bombardiera** aus dem Jahr 1687 sehenswert. Mit halbblinden Scheiben abgedeckte Ausgrabungen im Innenhof lassen antike römische Fundamente erahnen.

Gegenüber dem Palazzo del Capitano und links neben der Loggia del Consiglio steht die **Casa della Pièta** von 1407 im einfachen Renaissancestil. Das Flachrelief an der Fassade zeigt eine sitzende Frau mit einer Fahne – Sinnbild der Stadt Verona, die sich im Schutze der *Serenissima* (Venedig) befindet. In den **Palazzo dei Giudici** an der Kopfseite des Platzes zwischen der Casa und dem Palazzo del Comune zogen 1731 die Richter der Stadt ein. Es wird auch *domus nova* („neues Haus“) genannt, da es einen Vorgängerbau aus dem 13. Jh. ersetzte.

11 Skaligergräber ★★★ [K6]

Hoch im Himmel stehen die monumentalen Grabstätten der Skaligerfürsten. Die mit feinster Steinmetzkunst geschmückten Steinsarkophage hinter schmiedeeisernen Geflechten sind eines der schönsten Fotomotive der Stadt.

Das älteste Grabmal der Anlage ist das des Skaligers **Cangrande I.** (= „Großer Hund“, 1291–1329). Es befindet sich an der Seitenwand der kleinen romanischen Kirche Santa Maria Antica über deren Eingangstor. Der Sarkophag ist mit einem Balda-

Bruderliebe

Cansignorio ließ erst seinen Bruder Cangrande II. ermorden und dann, um seinen unehelichen Söhnen Bartolomeo und Antonio die Herrschaft zu sichern, auch noch den zweiten Bruder verurteilen und hinrichten. Antonio tötete mutmaßlich wiederum seinen Bruder Bartolomeo. Zumindest glaubten das die Edlen der Stadt und sorgten aus diesem Grund dafür, dass die Mailänder Familie Visconti an die Macht kam, um Ordnung zu schaffen in der Stadt. Die Zeit der Skaliger war damit zu Ende.

082ve Abb.: sk

chin geschützt und steht – in Anspielung auf den Namen des Verstorbenen (*cane* = Hund) – auf dem Rücken von vier die Wappen der Skaliger haltenden Hunden. Man sieht Cangrande I. als Werk eines unbekannten Künstlers liegend in Stein gehauen und als Bekrönung des Baldachins in einem Reiterstandbild mit einem zum Kampfe bewehrten Tier und zum Schlage bereiten Schwert (das Originalmonument steht im Castelvecchio 23).

Innerhalb der Umzäunung aus einem Marmorfundament und einem kunstvollen Schmiedeeisen mit der Leiter als Wappensymbol (*scala* = Leiter) steht das **Grabmal des Mastino II.** (*mastino* = Dogge, 1308–1351) frei. Der noch zu Lebzeiten Mastinos erstellte Sarkophag ruht auf vier Pilastern, nach oben hin bilden vier pyramidenförmige Elemente eine Krone, die mit einer zentralen Fiale (= spitz auslaufendes Türmchen) abschließen. Auf ihr reitet Mastino in vollständiger Rüstung und mit Gesichtsschutz. Sein Antlitz auf dem Sarkophag zeigt ihn mit einem Bart.

Der Bildhauer Bonino da Campione (etwa 1330–1390) schuf das Grabmal des **Cansignorio** (= Leithund, 1334–1375) zur Straßenkreuzung hin. Obwohl es das am reichsten geschmückte Grabmal ist, gilt es als das künstlerisch am wenigsten wertvolle. Bewacht wird der Sarkophag von sechs Rittern in Tabernakeln, die mit Fialen nach oben abschließen. Auch Cansignorio wird an der Spitze als Reiter dargestellt, die Ausführung in ihrer etwas groben Form kann aber nicht mit jener der anderen Reiterstandbilder konkurrieren. Die Seitenwände des Sarkophags zeigen Geschichten aus dem Evangelium. Die weiteren Grabmäler gehören Mastino I. (direkt an der Kirchenmauer), die frei stehenden Alberto I., Mastino I. und nahe der Außenmauer der Umzäunung Bartolomeo I., Cangrande II. und Bartolomeo II.

Das Kirchlein **Santa Maria Antica**, die Familienkirche der Skaliger, ist ein schönes Beispiel für die Romanik. Typisch für Verona ist die Verwendung unterschiedlichen Baumaterials in Streifenform, in diesem Fall Bruchstein und Ziegel. Der Vorgängerbau stammte wohl aus dem 7. Jh. In ihrer heutigen Form wurde die Kirche unter dem Patriarchen von Aquilea, Gotifredo, 1185 erbaut. Die innere Barockisierung fand um 1630 statt, wurde aber Ende des 19. Jh. teilweise rückgängig gemacht. Im dreischiffigen Bau sieht man in der zentralen Apsis noch Fresken aus dem frühen 14. Jh.

› **Arche Scaligere**, Juni–Sept. Di.–So. 10–13, 14–18 Uhr, Eintritt 1 € oder VeronaCard

› **Chiesa di Santa Maria Antica**, Via Arche Scaligere, Tel. 045 595508, www.santamarianticaverona.it, Mo.–Fr. 15–18.30, Sa./So. 9.30–12.30, 15–18.30 Uhr

12 Haus der Julia ★★★ [K6]

Menschentrauben drängen durch den schmalen Torbogen in den Innenhof von Julias Haus. Aus aller Welt kommen junge und alte Pärchen, um sich hier ewige Treue zu schwören, einen Blick auf den kleinen Balkon zu werfen oder sich auf ihm fotografieren zu lassen und Shakespeares „Romeo und Julia" zu gedenken.

Tritt man von der Via Cappello in den Durchgang, muss man sich zunächst gedulden. Sehr viele Besucher wollen das Instagram-taugliche Ensemble des **Innenhofs** bewundern. Früher konnte man sich beim Warten die Zeit vertreiben, indem man die Zettelchen und Inschriften an den Wänden las, die Liebende (oder Verschmähte) als Beschwörung hinterlassen haben. Das Anbringen solcher Botschaften ist aber heutzutage verboten – und kann 3000 € Strafe kosten.

Und dann im Innenhof? Einmal die **Bronzebrust der Juliafigur** berühren – das helfe bei Liebeserklärungen, die bislang unerhört geblieben sind. Die Berührungen waren wohl außerordentlich zahlreich, denn 2024 hatte sich ein Loch gebildet, das gelötet werden musste. Die Skulptur hat der Bildhauer Nereo Costantini (1905–1969) geschaffen, sie kam in den 1970er-Jahren in den Hof und wurde 2016 aus konservatorischen Gründen durch eine Replik ersetzt. Der **Balkon** stammt vom Beginn des 20. Jh. und ist tatsächlich ein umgewidmeter Sarkophag.

Weitere Entzauberung: Das Haus kaufte die Kommune 1905 und man erklärte es kurzerhand zu jenem der Familie Capuleti, aus der Julia stammen soll – einfach weil es in Besitz der Familie Dal Capello stand (deren Wappen am Torbogen noch zu sehen ist) und dieser Name doch dem der Capuleti so ähnlich sei – so argumentierten zumindest jene Personen, die für den Aufkauf zuständig waren. Eine touristische Sensation war geschaffen und das Marketing tat den Rest.

Unbestritten jedoch ist, dass die Casa di Giulietta aus dem 14. Jh. stammt und **schönste Gotik** vermittelt. Um dem sehnsuchtsvollen Drama Shakespeares den rechten Rahmen zu verschaffen, wandelte man den einstigen Gasthof mit seinen Stallungen in ein Museum um und rekonstruierte auch das Innere nach

◁ Das Grabmal des Skaligers Cansignorio ist reich geschmückt

den Vorstellungen von einem Haus jener Zeit. Und mag man auch unken, so viel man will, der Platz besitzt heute tatsächlich die **Aura einer unglücklichen Liebesgeschichte.** Das damalige Leben auf den verwinkelten Etagen, den engen Stiegen und zwischen den hohen Mauern kann man sich ausmalen. Wenn dann noch eine Schönheit auf den Balkon hinaustritt und den Kameras entgegenlächelt, dann ist der Eindruck perfekt.

Im Hauptsaal im ersten Stock ist als einziges Relikt aus der fernen Vergangenheit eine Bordüre zu erahnen, die als Girlande aus Hermelinfellen gemalt wurde. Der Hauptsaal eines gotischen Hauses war Herrenzimmer, Wohnzimmer und immer auch Festsaal, den man für große Ereignisse einfach umdekorieren konnte. Die weiteren Räume, teils mit Keramiken in Vitrinen ausgestattet, waren dem Haushalt und dem Schlafen vorbehalten. In einem steht folgerichtig eine Bettstatt aus der Zeit Julias.

› **Casa di Giulietta,** Via Cappello 23, Tel. 045 8034303, https://casadigiulietta.comune.verona.it, Di.–So. 9–19 Uhr, zwingend Onlinebuchung über die Website www.museiverona.com, Eintritt 12 € oder VeronaCard, Nov.–März jeden 1. So. im Monat Eintritt 1 €

13 Haus des Romeo ★ [K6]

Die Casa Romeo heißt eigentlich nur für die Touristen so. Tatsache ist jedoch, dass Romeo von hier aus nur wenige Schritte zum Balkon seiner Julia benötigt hätte und dass die alteingesessene und mächtige Familie Montecchi, deren Spross Romeo gewesen sein soll, einst in diesem Viertel residierte.

Auch stammt das prächtige Gebäude aus dem 14. Jh. Es heißt offiziell *Casa di Cagnolo Nogarola detto Romeo* und verströmt mit seiner hübsch anzuschauenden gotischen, zinnengekrönten Fassade aus Backsteinen **mittelalterliche Atmosphäre.** So stehen die Besucher aus Übersee also nicht ganz unberechtigt davor und drücken auf die Auslöser ihrer Kameras. Hinein darf man allerdings nicht, denn Romeos Haus befindet sich in Privatbesitz und wird bewohnt.

› **Casa di Cagnolo Nogarola detto Romeo,** Via delle Arche Scaligere 2–4

14 Via Cappello mit Porta Leoni ★★ [K6]

Die betriebsame Via Cappello ist eine von Touristen kaum frequentierte, aber von Einheimischen geliebte Straße mit einigen Läden, Lokalen und Grabungsstellen. Sie geht über in die Via Leoni und führt die Kirche San Fermo passierend hinüber nach Veronetta.

Durch die **Porta Leoni** betraten die Reisenden auf der damaligen

218ve Abb.: sk

Julia und Romeo

Wahrscheinlich schrieb Shakespeare das Drama im Jahr 1597 und griff mit ihm eines der beliebtesten Sujets der Weltliteratur auf. Mehrere Autoren, darunter Arthur Brooke mit „The Tragical History of Romeus and Juliet“ (1567), hatten sich der Story bereits angenommen. Die Familien Montague und Capulet („Montecchi und Capuleti“) sind verfeindet. Trotzdem besucht Romeo Montague ein Kostümfest von Julias Eltern, den Capulet, und verliebt sich in die Schöne.

Doch Julias Vater hat einen anderen Mann für sie bestimmt (Paris). Gegen den Willen ihres Vaters empfängt sie den auf den Balkon gekletterten Romeo. Der Franziskanermönch Lorenzo erhört die Liebesschwüre und traut die beiden, auch weil er sich eine Versöhnung der Familien erhofft.

Nun wird plötzlich Romeos bester Freund getötet, Romeo muss diesen rächen und ersticht den Täter. Die Stadtoberen wollen ihn aus Verona verbannen und Julia wird von ihrem Vater erneut die Heirat mit einem anderen angetragen. Lorenzo kennt aber den Ausweg: Um die Hochzeit mit dem Widersacher platzen zu lassen, versetzt er Julia mit einem Trank in Tiefschlaf. Die scheinbar Tote wird in die Gruft gebettet und Lorenzo macht sich auf die Suche nach Romeo, um diesen über seine List aufzuklären. Er findet Romeo jedoch nicht. Dieser aber erfährt vom vermeintlichen Tode Julias, besorgt sich tödliches Gift, eilt zu ihrer Gruft, nimmt in Verzweiflung den Trank zu sich und stirbt. Julia erwacht, sieht den Geliebten tot zu ihren Füssen liegen und stürzt sich in dessen Schwert.

Via Claudia Augusta aus der Po-Ebene und Bologna kommend die Stadt. Nur noch ein Rest des ehemals Porta San Fermo und auch Arco di Valerio genannten Tores steht. Den heutigen Namen hat ihm der Volksmund gegeben, da an dieser Stelle zwei Löwenskulpturen als Grabbeigabe gefunden wurden. Die Via Cappello wird hier von einer mit einem Geländer geschützten Grabungsstelle geteilt, die die Fundamente der Porta Leoni freigeben.

Die Via Cappello bildete in der antiken Stadtanlage den *cardo maximus,* die nordsüdlich verlaufende Achse, die senkrecht zum *decumanus maximus,* der ostwestlich laufenden Achse (heutige Corso Porta Borsari und Corso Sant'Anastasia), stand. Gemeinsam teilten sie die Stadt in regelmäßige Quadrate.

Die Porta Leoni entstand im Zuge der Errichtung des Stadtmauerringes im 1. Jahrhundert. v. Chr. Ein Jahrhundert später wurde das ursprüngliche Tor mit einer Umbauung versehen. Diese bestand aus zwei Schauwänden, die einen etwa 20 Meter tiefen Hof bildeten und je zwei Durchgänge besaßen. Die stadtauswärts gerichtete Schaumauer war mit zwei Wehrtürmen befestigt.

Der heute noch sichtbare Rest an der Giebelwand eines Wohngebäudes ist die eine Hälfte der inneren Schauwand. Sie gilt als eines der wichtigen noch erhaltenen Bauwerke aus der Antike Veronas. Die Grabung in der Straßenmitte zeigt Teile des Originalfußbodens und des Weiteren Sockelreste eines der zwei polygonalen Wachtürme.

⊲ Viel beachtet und berührt – die Bronzefigur beim Haus der Julia ⓬

Noch ein Liebesdrama

Francesco Emilei, Hausherr des Palazzo Forti, war zu Zeiten des Einmarsches von Napoleon einer der Stadtfürsten Veronas und lud den französischen Kaiser in dieser Funktion in sein Haus. Zugleich war Emilei im April 1797 maßgeblich am Aufstand gegen die französischen Besatzer beteiligt, der als Pasqua Veronese in die Stadtgeschichte einging. Kein Wunder also, dass Napoleon es ihm nicht dankte, ihn als Anführer vor Gericht stellen und zum Tode verurteilen ließ. Francescos Geliebte Silvia Curtoni Verza flehte den Kaiser um Gnade an.

Nun wurde in Aussicht gestellt, dass man aus Staatsraison eine Exekution anberaumen müsse, diese aber nicht tatsächlich duchführe. Alle wären zufrieden gewesen, wenn nicht – ja, wenn nicht die vermeintliche Exekution eine vermeintlich vermeintliche gewesen wäre. Francesco war tot und Silvia unternahm daraufhin einen Selbstmordversuch. Aber die Zeit heilt alle Wunden und sie fand mit dem Dichter Ippolito Pindemonte (1753–1828) eine neue Liebe.

Nördliche Altstadt

15 Basilica di Sant' Anastasia ★★★ [K5]

Die größte Kirche Veronas zeigt sich im gotischen Gewand. Ihre Ausstattung besitzt einige Kleinode der Freskenmalerei und kuriose Weihwasserbecken. Das Kirchenportal gehört zu den prächtigsten der Stadt, auch wenn die restliche Fassade unvollendet blieb.

Die große gotische Kirche haben zwei Dominikanermönchen entworfen: Fra Benvenuto von Bologna und Fra Nicolò von Imola. Einst verlief hier die Via Postumia, König Theoderich ließ an dieser Stelle zwei Kirchen errichten, die eine Anastasius, die andere Remigio gewidmet. Im Jahr 1261 beauftragte man die beiden genannten Mönche, sich um die Kirchen zu kümmern. Sie beschlossen schließlich 1290, beide Kirchen durch eine einzige zu ersetzen, die San Pietro Martire gewidmet sein sollte.

Zwei Jahrhunderte sollte es dauern, bis das Gotteshaus wenigstens in Teilen fertiggestellt war – die **Fassade blieb für immer Stückwerk** und wurde nur im unteren Bereich vollendet. 1481 konnte die größte Kirche Veronas eingeweiht werden. Die Veroneser behielten aber den Namen eines der Vorgängerbauten bei und es blieb bei Sant' Anastasia.

Das **zweitorige Portal** wird von schlanken Rippen aus farbigem Marmor flankiert und von einem Spitzbogen bedacht – Anastasia ist ein wunderschönes Beispiel für den gotischen Baustil italienischer Prägung. Die Reliefs wurden im 14. Jh. gehauen, die zunehmend verwitternden Fresken im 15. Jh. gemalt.

Betritt man die Kirche durch das Hauptportal, wandelt man auf dem Originalboden aus dem Jahr 1462 (von Pietro da Porlezza). Gleich rechts und links an den ersten Säulen ducken sich Zwerge aus Stein und tragen die **Taufbecken** aus rotem Marmor. Im Volksmund heißen diese Gestalten *gobbi* – die „Buckligen". Wandert der Blick hoch zur Decke, erahnt man im Halbdunkel florale Muster an den Gewölben zwischen den Säulen und im Kreuzgewölbe des Hauptschiffs. Zum Altar hin werden

083ve Abb.: sk

die drei Längsschiffe von einem Querschiff gekreuzt, an dessen Ende sich fünf Kapellen öffnen und das nach links um eine weitere Kapelle (Capella Giusti) verlängert ist.

An der Längswand des rechten Schiffs und der Seitenwand des Querschiffs befinden sich **sechs Altäre** und eine Kapelle. Der erste, der Fregoso-Altar, hat Danese Cattaneo (1565) nach Plänen von Sanmicheli als Grabmal für den venezianischen Adligen Giano Fregoso geschaffen. Der nächste Altar aus dem Jahr 1482 ist Vincenzo Ferrer gewidmet, die Marmorreliefs hat ein Vetter Sanmichelis – Pietro da Porlezza (1481–1559) – gemeißelt. Es schließt sich der Bevilacqua-Lazise-Altar an, die Grablegung in der Lünette stammt von Liberale da Verona (1455–1526). Das Altarbild am Pindemonte-Altar hat Francesco Caroto (1480–1546) gemalt und zeigt San Martino mit dem Bettler. Der letzte Altar vor dem Querschiff, der Mazzoleni-Altar, ist dem Dominikaner Rosa da Lima gewidmet. Liberale da Verona (1455–1526) malte dafür Maddalena, Santa Catarina und Santa Toscana.

⌃ *Das prächtig geschmückte Portal der Basilica di Sant'Anastasia*

KURZ & KNAPP

Die älteste weltliche Schule Veronas

Direkt hinter der Kirche Sant' Anastasia 15, an der Via Ponte Pietra, verschandelt ein neoklassizistisches Gebäude aus der Mussolini-Zeit das Stadtbild. Es ist – wie sein Vorgängerbau vom Beginn des 19. Jh. – eine Schule, die von Napoleon Bonaparte gegründet wurde, und mithin die älteste Lehranstalt der Stadt.

Nun steht man vor der etwas zurückversetzten, erst 1458 angefügten **Kreuzigungskapelle**, am Ort des ältesten Teils der Basilika, denn hier stand einst der Vorgängerbau Sant' Anastasia. Das Bild mit der Kreuzigungsszene wurde in der 1. Hälfte des 15. Jh. auf Holz ausgeführt, das Grabmal aus bemaltem Tuffstein linker Hand für Gianesello da Folgaria soll Bartolomeo Giolfino (1410–1486) erstellt haben. Ein Highlight folgt in der ersten der fünf Kapellen an der Stirnseite, der Cavalli-Kapelle: Altichiero schuf 1375 ein **wunderschönes Fresko** mit San Martino, San Giorgio und San Giacomo, die romantisch und edel als Ritter gekleidet drei Mitglieder der Familie Cavalli der Muttergottes anempfehlen.

041ve Abb.: sk

Die Pellegrini-Kapelle nebenan ist ungewöhnlich, weil vollständig mit Terrakottafliesen bedeckt. Die Hauptkapelle in der Mitte wurde im letzten Jahrhundert umgebaut, die schmalen Fenster stammen von 1935, der Altar von 1952. Links ist das Grabmal des Skaligerheerführers Cortesia Serego zu sehen (1429), rechts das Fresko „Jüngstes Gericht" von Turone. Nun betritt man die Cappella Giusti. Hier achte man besonders auf ein **Fresko von Pisanello**, das früher die Cappella Cavalli schmückte: Der „Aufbruch des Heiligen Georg", als er sich von der Prinzessin verabschiedet, um den Drachen zu treffen und zu töten (1435 fertiggestellt). Bemerkenswert ist die Bildkomposition, die die bürgerliche Welt in Gegensatz stellt zur ungestümen, sündigen Natur.

Verlässt man die Kirche durch das Hauptportal, kann man noch einen Blick in das freskengeschmückte **Kirchlein San Giorgetto**, auch **San Pietro Martire** genannt, werfen. Die Bemalung geht auf brandenburgische Soldaten zurück, die im Dienste des Skaligerfürsten Cangrande II. standen. Dieser wurde vom Volk so gehasst, dass es ihm den Namen *can rabbiso* („tollwütiger Hund") verpasste. Die ebenso ungeliebten Söldner stifteten für Gesundheit, Reichtum und Ruhm Votivfresken. Auf diese Weise bekam der hl. Peter dann doch noch an dieser Stelle eine Kirche, so wie es die beiden Dominikanermönche ursprünglich geplant hatten.

› Corso Sant'Anastasia, Tel. 045 592813, www.chieseverona.it/en, März–Okt. Mo.–Fr. 9.30–18.30, Sa. 9.30–18, So. 13–18, Nov.–Febr. Mo.–Fr. 10–17, Sa. 9.30–18, So. 13–17.30 Uhr, Eintritt 4 € oder VeronaCard, Kombiticket mit den Kirchen San Zeno 26, San Fermo Maggiore 38 und dem Dom 17 8 €

211ve Abb.: sk

⑯ Ponte Pietra ★★ [K5]

Auf der „Steinbrücke“ wandelten bereits die alten Römer auf dem Weg aus der Stadt hinüber zum anderen Ufer, wo sie sich im Römischen Theater der Muse hingaben. Die Geschichte des Übergangs über die Etsch ist bis in die neueste Zeit eine Abfolge von Zerstörung und Wiederaufbau.

Die einst *pons marmoreus* („Marmorbrücke“) genannte Brücke war neben der zum Ende des ersten Millenniums eingestürzten und nicht mehr errichteten *pons postumia* bei der Basilica di Sant'Anastasia ⑮ **eine der beiden Übergänge des antiken Verona** über die Etsch. Man kann davon ausgehen, dass der Ponte Pietra bereits bei der Stadtgründung 89 v. Chr. als Holzkonstruktion bestanden hat, die das antike Rom im Laufe der Zeit durch eine Steinkonstruktion ersetzen ließ. Zu Beginn des zweiten Millenniums zerstörten Hochwasser mehrfach den Übergang (in den Jahren 1007, 1153, 1232 und 1239) und man baute sie jeweils wieder als Steinbrücke auf.

Nach einer weiteren Zerstörung erhielt Baumeister Fra Giocondo Anfang des 16. Jh. den Auftrag zur Neuerrichtung und die **fünfbögige Brücke** entstand in etwa in ihrer jetzigen Form. Aus der Antike sind bis heute die beiden aus Naturstein gemauerten Bögen am flussabwärts gesehen linken Ufer zu sehen (mit einem länglichen, an eine Schießscharte erinnernden Durchlass im Pfeiler). Die beiden aus Ziegelstein gebauten mittleren Bögen (mit einem runden Durchlass im mittleren Pfeiler) entstammen dem späteren Mittelalter (1520), den Bogen am rechten Ufer zur Altstadt hin und den Wachturm am Ufer ließ Alberto della Scala 1298 bauen.

◁ Votivfresken in der kleinen Kirche San Giorgetto (San Pietro Martire) bei Sant'Anastasia ⑮

△ Auf dem Ponte Pietra bummelten schon Generationen von Spaziergängern über die Etsch

1945 sprengten deutsche Soldaten auf ihrem Rückzug die Brücke, nur der rechte Bogen und das Wachhaus blieben stehen. Zwölf Jahre nach Ende des Krieges begann der **Wiederaufbau.** Dieser war nach zwei Jahren unter Verwendung der Originalsteine abgeschlossen und im März 1959 konnte die Brücke dem Verkehr übergeben werden. Am Bau des Ponte Pietra sind also die Veroneser zahlreicher Epochen beteiligt gewesen und die Brücke steht nun als Symbol für die Geschichte der Stadt, von den Anfängen bis in ihre jüngste Zeit.

17 Duomo Santa Maria Matricolare ★★ [J5]

Die Kathedrale am nördlichsten Punkt der Altstadt besticht durch eine stimmige Verbindung von Romanik und Gotik. Im Inneren hat sich Tizian mit seinem einzigen in Verona geschaffenen Werk verewigt.

212ve Abb.: sk

Der Dom gehört zu einem größeren Gebäudekomplex mit ehemaligem Kloster, Museum, Bibliothek, zwei weiteren kleinen Kirchen und dem Bischofssitz. Der **kleine Platz vor der Hauptfassade** der Kirche mit der ockerfarbenen Randbebauung wirkt in seiner Unaufdringlichkeit und Ruhe nach den hektischen Hauptgassen wie Balsam für die Seele. Auch am Dom lässt sich das für Verona typische **Streifendekor** erkennen, das durch die abwechselnde Verwendung des Baumaterials entstand, in diesem Fall Tuffstein, Terracotta, weißer und rosa Marmor.

Einst standen hier private Badehäuser der Villen reicher Römer. Im 4. Jh. wurde dann eine romanische Basilika errichtet, die Bischof Zeno weihte. Im 7. Jh. zerstörte ein Erdbeben das Gebäude und im 8. Jh. gab Erzdiakon Pazifikus den Auftrag, ein neues Gotteshaus entstehen zu lassen. Es erhielt den Namen **„Mutterkirche“** – Santa Maria Matricolare. Ein weiteres Erdbeben 1117 fügte der Kathedrale schweren Schaden zu. 1139 begann man mit den Reparaturen, die 1187 abgeschlossen waren. Papst Urban III. weihte den Neubau ein.

Zahlreiche Umbauten in der Folgezeit ergeben das heutige Erscheinungsbild der **Fassade** mit dem Vorbau von Nicolò aus zwei übereinander stehenden, von Säulen getragenen Bögen, die unten das Portal, oben die Uhr umrahmen. Die seitlichen Flächen der Frontfassade werden von je einem doppelbögigen, gotischen Fenster gegliedert. Die Gotisierung fand zwischen 1444 und 1535 statt. Beim Umbau von 1587

◁ Gen Himmel strebend und zugleich filigran – die Fassade des Doms

ließ sich der Auftraggeber, Kardinal Valier, mit seinem Wappen an der Front des Dachaufbaus verewigen. An der Gestaltung des Glockenturmes hat Sanmicheli mitgewirkt, Änderungen am Turm nahm man noch im 20. Jh. vor.

Fünf Längsbögen tragen das Dach der dreischiffigen Kirche auf jeder Seite und ruhen auf Bündelpfeilern. In den Außenwänden der Seitenschiffe sind **reichgeschmückte Kapellen** eingelassen, auf jeder Seite ist je eine Kapelle als Anbau angebracht. Gleich nach Eintritt in die Halle fällt links in der ersten Kapelle (Capella Nichesola) das Altargemälde „Mariä Himmelfahrt – *Assunta*" von **Tizian** (um 1530 entstanden) ins Auge. Voll Dramatik umstehen die Apostel den Sarkophag und bilden das malerische Fundament für die in den sich türmenden Wolken schwebende Muttergottes. Der kniende und betende Apostel rechter Hand vor dem Sarkophag soll den Künstler Sanmicheli darstellen.

Den Altar der zweiten Kapelle rechter Hand schmückt an zentraler Stelle eines der Hauptwerke von Liberale da Verona: die „Anbetung der Hl. Drei Könige". Die nebenstehende Tafel mit der „Beweinung Christi" stammt von Nicholò Giolfino. Die Gewölbefresken der Apsisnische und an der Hauptkapelle auf der rechten Seite (Capella del Sacramento) stammen von Francesco Torbido (1534). An der Apsisseite birgt die Capella Mazzanti den **Sarkophag der hl. Agathe.** Er wurde im Stil der Grabstätten der Skaliger im Jahr 1353 ausgeführt und zeigt das Martyrium der Heiligen, die Bergleute, Hirtinnen, Ammen, Weber und Goldschmiede und vor Brustkrebs, Brusterkrankungen, Fieber, allgemeinem Unglück, Erdbeben und Unwetter schützt. Ihre Reliquien liegen in Catania, doch angeblich einige Teile auch hier im Dom.

Prunkvoll zeigt sich die Innengestaltung im Duomo

Links der Apsis geht es durch eine Tür zur Taufkapelle San Giovanni in Fonte, die man 1123 in romanischem Stil neu aufbaute. Das **achteckige Taufbecken** gilt als Meisterwerk des 13. Jh. und ist aus einem einzigen Marmorblock gehauen. Die Fresken entstammen dem 14. Jh., die Gemälde dem 16. Jh. Ebenfalls hier steht die kleine Hauskirche Sant' Elena. Im 9. Jh. errichtet und 1117 restauriert, zeigt sie sich wie die Taufkapelle in romanischem Gewand.

Nördlich der Kirche liegt der **Kreuzgang**, der nur von außen zu betreten ist. Er entstand zwischen 1117 und 1120 als Karree mit einem doppelgeschossigen Arkadenumlauf, von dem heute nur noch eine Seite zweigeschossig erhalten ist. Die Träger sind zierlich als Doppelsäulen ausgeführt. Hier befindet sich auch der Eingang zum Museo Canonicale 18.

› Piazza Duomo, Tel. 045 8008813, www.chieseverona.it/en, März–Okt. Mo.–Fr. 11–17.30, Sa. 11–15.30, So. 13.30–17.30, Nov.–Febr. Mo.–Fr. 11–17, Sa. 11–15.30, So. 13.30–17.30 Uhr, Eintritt 4 € oder VeronaCard, Kombiticket mit den Kirchen San Zeno 26, San Fermo Maggiore 38 und Sant' Anastasia 15 8 €

18 Museo Canonicale ★★ [J5]

Die Kanoniker begannen im 12. Jh. mit der Sammlung von Gemälden, Skulpturen, Münzen, Kirchengeräten und Musikinstrumenten. Schenkungen der Bürger machten die Sammlung immer reicher und heute erhält man einen guten Überblick über das Kunstschaffen der Stadt.

Das Museum betritt man durch den Kreuzgang des Duomo Santa Maria Matricolare 17. Die Ausstellung verteilt sich über mehrere Ebenen. Neben **Malerei und Skulpturenkunst aus sieben Jahrhunderten** finden sich in ihr auch archäologische Stücke, die man in der Erde des Gebäudekomplexes um den Dom gefunden hat: spätrömische und frühchristliche Gegenstände, gotische Elfenbeinarbeiten, Bronzefiguren und Gläser.

Natürlich ist die Sammlung der bischöflichen Kirchengeräte besonders prächtig. Das Museum gliedert sich in die Ausstellungen Romanik, 14. Jh., Wiedergeburt, Sammlung Trentossi, 16. Jh., 17. Jh., Groteskensammlung, Sammlung Aquile und Romanische Allegorien.

› Piazza Duomo 29, Tel. 331 5946961, http://bibliotecacapitolare.org, derzeit **nur bei Veranstaltungen zugänglich**

19 Biblioteca Capitolare ★ [J5]

Die Kapitelbibliothek gilt als die **weltälteste Bibliothek mit einer kontinuierlichen Geschichte** und wurde 517 als *scriptorium* der Kathedrale gegründet, vielleicht aber bereits im 4. Jh. Die Sammlung aus Büchern, Manuskripten, Wiegendrucken, mit Miniaturen versehenen Kodexe, Pergamenten, kostbaren Miniaturen, Einbänden und Musikwerken – insgesamt etwa 75.000 Stück – gilt als einzigartig. Zu den wertvollsten Gegenständen gehören das „Evangelarium Purpureum“ aus dem 5. Jh., der „De civitate Dei“ von Augustinus von Hippo, eine Sammlung Choralbücher der Kathedrale mit Miniaturen (darunter von Turone aus dem 14. Jh.) und eine Ausgabe der „Göttlichen Komödie“ Dantes mit aquarellierten Holzschnitten aus dem 15. Jh.

Schon Petrarca wurde zwischen den Schränken fündig, als er 1345 Briefe des Philosophen Cicero entdeckte, die ihn in tiefste Depressionen stürzten, weil sich dieser ihm damit nicht mehr als Lichtgestalt,

Unverhoffter Fund

Der Gelehrte Francesco Scipio Maffei wollte nicht akzeptieren, dass bestimmte Schriften der Bibliothek unwiederbringlich verschollen sein sollten, und sorgte für eine akribische Suche in den Archiven. Doch nichts wurde gefunden.

Ein Kleriker, der mit der Organisation der Bibliothek beauftragt war, suchte schließlich im Jahr 1712 eine Schrift und bemerkte zufällig ein loses Abschlussbrett eines Regals zur Decke hin. Nachdem er eine Leiter geholt und das Brett weggezogen hatte, kamen dahinter kleine, wohlgebundene Pakete hervor. So schnell ihn die Beine trugen, lief er zum Palazzo Maffei und alarmierte den Hausherren. Dieser nahm sich nicht einmal die Zeit, um sich anzukleiden, und lief im Schlafgewand zum Dom, um die heißgesuchten „Institutionen des Gaius" zu begutachten.

sondern als katastrophaler Politiker darstellte. 1725 wurde anlässlich der Entdeckung der „Institutionen des Gaius" (ein Einführungsbuch für altrömische Rechtsgelehrte) aus dem 6. Jh. der **Lese- und Archivsaal** geschaffen. Die Handschriften waren 1630 bei einer Pestepidemie verschollen und erst 1712 wiedergefunden worden. Im Zweiten Weltkrieg zerstörten Bomben den Lesesaal, er konnte nur teilweise rekonstruiert werden. Ein Blick hinein ist dennoch lohnenswert.

› Piazza Duomo 29, http://bibliotecacapitolare.it, Tel. 331 594696, Do.–Mo. 10–18, Einlass bis 17.30 Uhr, Eintritt 7 €, mit VeronaCard 6 €, Führung nach Voranmeldung 15/13 €

Entlang der westlichen Etsch

20 Museo Miniscalchi-Erizzo ★★ [J5]

Im Haus der Miniscalchi-Erizzo vom Ende des 15. Jh. darf man nicht nur die Sammlung der Familie bewundern, man erfährt auch einiges über den Lebensstil der Adligen Veronas in einem prächtigen Palast.

Im Besitz der Stiftung der Familie steht ein ganzer Gebäudekomplex, der aber nur zum kleinsten Teil öffentlich zugänglich ist. Beim **Rundgang** lässt sich erahnen, wie prachtvoll die adlige Familie in dem Palast gelebt hat. Die Fassade mit dem Portal in der Via San Mamaso wurde spätgotisch gestaltet, auffällig sind die beiden doppelbögigen Prachtfenster des *piano nobile* (des Hauptgeschosses) und die Figuren von Mars und Minerva. Von der Via Giuseppe Garibaldi kann man einen Blick durch das Gittertor auf den klassizistischen Gebäudeteil von 1880 werfen, der einen Hof umschließt. Dessen Giebelfeld zeigt das Wappen der Familie.

Betritt man das Museum, dessen Parterre temporären Ausstellungen vorbehalten ist, gelangt man in ein Atrium und zur **eleganten Haupttreppe.** Bevor man hinaufsteigt, sollte noch die fein gearbeitete Holzdecke im hinteren Bereich begutachtet werden, die aus dem 15. Jh. stammt und bei einer Renovierung von einem anderen Gebäudeteil hierher gebracht wurde.

In der ersten Etage ist die **ständige Sammlung** ausgestellt. Unter den Ausstellungsstücken finden sich Bronzen der Renaissance, in den Vitrinen frühvenetische Bronzen aus dem 4.–3. Jh. v. Chr., römische Bronzeminiaturen aus dem 1.–2. Jh. n. Chr. und etruskische Stü-

⌃ *Quicklebendige Straße mit Geschichte: die Flaniermeile Corso Cavour*

084ve Abb.: sk

cke aus dem 5. Jh. v. Chr. Ein kleines Altärchen aus Bernstein aus dem 17. Jahrhundert in der Kapelle gilt als eines der Highlights der Sammlung, die Herkunft aus Danzig oder Königsberg erkennt man an der deutschen Inschrift in der winzigen Gruft über dem Körper Jesu: „und sein Grab wird herrlich sein".

Einer der Vorfahren des Museumsstifters Conte Mario Miniscalchi-Erizzo war der Doge von Venedig, Francesco Erizzo. Die zweite Linie der Familie kam aus Bergamo, wo sie als Händler vermögend wurden und sich im 19. Jh. mit den Erizzos liierten. Die Stiftungsurkunde aus dem Jahr 1955 besagt, dass das Haus und die Sammlung erzieherischen und kulturellen Zwecken dienen soll.

› Via San Mamaso 2a, Tel. 045 8032484, www.museominiscalchi.it, Fr.–Mo. 10–13, 14–18, Einlass bis 17.15 Uhr, Eintritt 5 €, mit VeronaCard 3 €

21 Porta Borsari und Corso Cavour ★ [J6]

Von der **Porta Borsari** aus dem 1. Jh. – südwestlicher Eingang zur römischen Stadt – sind nur noch Fragmente erhalten. Das Stadttor hieß ursprünglich Porta Iovia, da sich in unmittelbarer Nähe ein Jupitertempel befand. Der Name „Borsari" entstand im Mittelalter, da hier die *bursarii* (= Zöllner, nach ihrem Geldbeutel benannt) bei Stadtein- und -austritt eine Steuer auf die mitgebrachten Waren verhängten. Der heute zu sehende Rest der Porta Iovia war die stadtauswärts gerichtete Fassade. Das Tor war wie die Porta Leoni 14 als kleiner Festungsbau konzipiert mit zwei Schauseiten und Wachtürmen, die einen Hof umschlossen.

Interessant ist die Fassade der gleichnamigen Bar nebenan mit Hochwasserzeichen. Nach Norden erstreckt sich die Via Porto Borsari, wo sich die Läden bekannter Modemarken zusammenballen. Hier fallen im Bodenpflaster riesige, schneckenartig geformte Einschlüsse auf – allesamt Zeugen dafür, dass Norditalien einst vom Meer bedeckt war. Südlich verläuft der **Corso Cavour** und hier schreitet man auf einer **2000 Jahre alten Straße.** Der römische Konsul Spurius Postumius Albinus befahl 148 v. Chr. ihren Bau und sie sollte schließlich über 450 km Genua über Verona mit Aquilea bei Triest verbinden. Ihren antiken Namen, Via Postumia, erhielt sie nach dem Initiator des Straßenbaus. Auf der heutigen Prachtstraße mit zahlreichen Palazzi gilt es, „Großes" – wie das Gebäu-

Und wieder eine Liebesgeschichte

Der **Brunnen Pozzo dell'Amore** versteckt sich in einem Häuserquartier an der Via Porta Borsai. Man betritt es über den Vicolo San Marco in Foro vorbei an der Enoteca dal Zovo und geht um zwei Ecken. Wer seine Liebe auf ewig währen lassen wollte, hatte bis vor wenigen Jahren ein Vorhängeschloss dabei, schloss es auf, hängte es in das schmiedeeiserne Gitter ein, sperrte es wieder zu und vergaß, wohin der Schlüssel verlegt wurde. Solange das Schloss hier hing, solange sollte die Liebe fortdauern. Dann kam die Stadtverwaltung und machte dem ein Ende. Sie entfernte das Gitter, heute hängen keine Schlösser mehr am gusseisernen Zuggestell. Was aber hat der Brunnen mit der Liebe zu tun?

Zu Zeiten des österreichischen Kaisers Maximilian gegen Ende des 15. Jahrhunderts kam ein junger Mann, Corrado aus dem Städtchen San Bonifacio, im Gefolge des Monarchen nach Verona. Hübsch war er, wohlgewachsen, von edlem Geblüt und ein tapferer Soldat. Als er durch die Gassen Veronas wandelte, erblickte er ein wunderschönes Mädchen namens Isabella und verfiel ihr für immer. Isabella jedoch wollte nichts von ihm wissen, wich ihm aus, wann immer sie sich begegneten, ja machte sich in Gesprächen mit ihren Freundinnen lustig über ihn – so wie junge Damen eben auch heute noch kokettieren.

Wieder einmal wollte es der Zufall, dass sie aufeinandertrafen – im kleinen Innenhof von San Marco stand Corrado an den Brunnen gelehnt und stellte Isabella endlich zur Rede. Kalt sei sie wie Eis, drang es aus seinem mutlosen Munde, kalt wie das Wasser im Brunnen. Frostig kroch die Februarluft durch die Gassen, doch das Mädchen lachte mit ihren Freundinnen und sprach, dass er es doch ausprobieren solle. Springe er in den Brunnen, würde er schon merken, was ihm das Herz mehr zusammenzöge, das Wasser oder ihre Ablehnung.

In seiner Hoffnungslosigkeit und Verzweiflung sah der junge Corrado keinen anderen Weg mehr, als aus dem Leben zu scheiden, und so warf er sich in den Brunnen. Wie vor den Kopf geschlagen standen nun die jungen Mädchen da und wussten weder ein noch aus.

Isabella aber, nunmehr ebenso verzweifelt, wie Corrado es gewesen war, sah für sich keine Ausflucht mehr. Die Folgen des herben Spaßes, den sie auf Kosten des Verliebten gemacht hatte, drückten nun ihr das Herz ab. Sie vereinte sich mit Corrado, indem sie ebenfalls in den Brunnen sprang. Seitdem nähert sich keiner dieser Stelle, ohne an die unglückliche Liebe zweier junger Menschen zu denken, die es nicht schafften, im Leben zueinander zu finden.

de im Liberty- bzw. Jugendstil (Via Cavour 43, heute Sitz der Trattoria dei Gavi) –, aber auch „Kleinigkeiten“ zu entdecken.

Betrachtet man den Sandstein des **Palazzo Bevilacqua** (Corso Cavour 19, heute ein Gymnasium) genauer, sieht man unzählige Muscheleinschlüsse. Diese Art „Tuffstein“ wurde in der Umgebung Veronas abgebaut und war ein kostengünstiges Baumaterial. Der Palast entstand unter San-

MEIN TIPP

Speisen in einer Kirche

An der Gasse östlich der Porta Borsari 21 blickt man auf die Fassade einer säkularisierten Kirche (San Matteo), die heute das beliebte Restaurant San Matteo Church (s. S. 70) beherbergt.

micheli um 1530 und zeigt zahlreiche Details wie die Büsten römischer Kaiser.

An den Portalen der Paläste sind immer wieder **Ritzungen** zu sehen. So auch am Palazzo mit der Hausnummer 9, wo das Jahr 1567 mit dem **damaligen Wasserstand** in etwa in Kopfhöhe verewigt ist. Warum man so nahe am Wasser baute, könnte man fragen, wenn man die zahlreichen **Überschwemmungen** des Stadtgebiets in Stein verewigt vor sich sieht. Es war nicht nur die Sicherheit der Flussschleife, die die Verteidigungsrichtung auf den Südwesten beschränkte. Verona war berühmt – und reich geworden – mit seinen Wolltüchern. Und zu deren Produktion war eine Unmenge an Wasser notwendig.

Der **Arco dei Gavi,** im 1. Jh. n. Chr. zu Ehren der Veroneser Familie Gavi errichtet, befindet sich kurz vor dem Castelvecchio 23 und gibt den Blick auf die Etsch frei. Ursprünglich stand der Ehrenbogen inmitten der Via Postumia. Die Franzosen rissen ihn jedoch im Jahr 1805 ab, um den Verkehrsfluss zu verbessern. Die Reste des Arco wurden 1932 in den Gewölben der Arena 2 wiederentdeckt und zur Rekonstruktion am heutigen Standort verwendet.

Die Skulpturensammlung im Museum des Castelvecchio

22 Chiesa San Lorenzo ★ [I6]

Die Kirche von San Lorenzo ist wegen der vorgebauten Wohnhäuser vom Corso Cavour aus nicht zu sehen. Man betritt den Kirchhof durch einen kleinen spätgotischen, figurgekrönten Torbogen und steht nach wenigen Schritten vor dem seitlich angebrachten Portal mit einem Baldachin. Dem Stil nach ist das Gotteshaus eine **romanische Emporenbasilika.** Sie entstand 1110 und wurde bereits sieben Jahre später durch ein Erdbeben stark zerstört.

Beim Neuaufbau stockte man das dreischiffige Gebäude auf, errichtete das Querschiff, Emporen und die beiden zylinderförmigen Türme, die wie auch die Kirche die **typische streifenförmige Mehrfarbigkeit** durch den Einsatz unterschiedlichen Baumaterials erhielten. Die erste Bauphase dokumentiert sich heute noch im unteren Mauerbereich mit fischgrätförmig angebrachten Flusskieselsteinen, Tuffstein und Terrakotta, während bei der zweiten Phase nur Tuffstein und Terrakotta verwendet wurden. Beweis für die Nutzung der Arena als Steinbruch für den Kirchenbau ist das Fundament des linken Turmes, dessen Steinsockel aus weißem Marmor mit einem eingehauenen Dekorband aus der Spielstätte stammt.

Wie die Fassaden zeigt sich auch das Innere in materialabhängiger Zweifarbigkeit. Jedes Schiff besitzt eine Apsis, das Querschiff hat an den Stirnseiten (Längsrichtung) ebenfalls je eine Apsis. Die **Apsiden sind einzigartig** für Norditalien, da sie alle in einer Achse ausgerichtet sind und damit dem Bauplan der Abtei von Cluny in Frankreich folgen. Der Holzdachstuhl ersetzte das ursprüngliche von den Kreuzpfeilern und Säulen im Wechsel getragene Tonnengewölbe, das im Zweiten Weltkrieg zerstört wurde. Der Hauptaltar entstammt dem 18. Jh., die Altartafel „Madonna mit dem Kind im Glanze" malte Domenico Brusarzio 1562. Girolamo Benaglio schuf das Gemälde des hölzernen Renaissancealtars in der rechten Apsis Mitte des 15. Jh.

› Corso Cavour 28, Tel. 045 8083753, www.diocesiverona.it, Sa. 10–12.30, 15–17.30 Uhr

23 Castelvecchio ★★★ [I7]

Mächtig und abweisend gibt sich die Burganlage am Ufer der Etsch aus dem 14. Jh. Die Skaliger ließen sie als Verteidigungswerk nach außen und als Zwingburg gegen die Bewohner der Stadt errichten. Das Museum in ihrem Inneren gehört zu den bedeutenden Kunststätten Europas.

Die **zinnenbekrönte Umfassungsmauer** aus Ziegeln verbindet sechs bedachte Verteidigungstürme und umschließt die Höfe mit den Gebäuden und dem Hauptturm Mastio. Ursprünglich war die Anlage noch durch einen tiefen Graben geschützt, in dem das Wasser eines Seitenarmes der Etsch, des Adigetto (= Kleine Etsch), floss. Dieser Burggraben ist nur noch teilweise erhalten. Der Komplex wurde vom Skaliger Cangrande II. in Auftrag gegeben, nachdem es ihm wegen seiner Unbeliebtheit bei der Bevölkerung zu unsicher geworden war, in seinem Stadtpalast an der Piazza dei Signori 10 zu residieren. (Sein Halbbruder Fregnano hatte gerade eine Revolte gegen ihn angeführt, die aber niedergeschlagen werden konnte.) Fertiggestellt wurde die Burg unter Cansignorio, die Baumaßnahmen leitete Guglielmo Bevilacqua.

In ihrer Geschichte sah die Feste Venezianer, Napoleon (der im Inne-

046ve Abb.: sk

ren ein heute nicht mehr existentes Fort errichten ließ und Umbauten vornahm) und die Österreicher. Ab 1923 wandelte man die Burg zum Museum und baute die Veränderungen, die unter der französischen Herrschaft vorgenommen worden waren, wieder zurück (unter anderem mussten die Zinnen wieder angefügt werden) und gab der Anlage so ihr mittelalterliches Gesicht. 1925 konnte das Museum eröffnet werden.

Der begrünte Haupthof ist heute mit Hecken und kleinen Brunnen geschmückt. Natursteinplatten bedecken die Wege, auf denen man zum Eingang des **Museo Civico d'Arte** im ehemaligen Wohnpalast der Skaliger gelangt. Ab 1958 begann nach den Vorgaben des Architekten Carlo

085ve Abb.: sk

Scarpa (1906–1978) eine erneute Restaurierung. Besonderes Augenmerk wurde dabei auf die **Präsentation der Kunstwerke** und die strikte Trennung und Kenntlichmachung von historischer Bausubstanz und modernen Baumaterialien wie Stahl und Beton gelegt. So wandelt man durch die Säle und entlang der Gänge in einem hochmodernen Gebäude, kann aber an jeder Stelle die mittelalterliche Atmosphäre erfahren.

Die Säle im Erdgeschoss sind der **Skulpturkunst** vorbehalten. Die **Figuren, Reliefs und Sarkophage** stammen aus den Anfängen des zweiten Millenniums. Besondere Aufmerksamkeit verdient im 1. Saal der Sarkophag der heiligen Sergius und Bacchus aus dem Jahr 1179, an dem unter anderem zwei Bogenschützen einen Adler erlegen. Im 2. Saal sind Statuen aus dem 14. Jahrhundert arrangiert, die der namentlich nicht bekannte „Meister von Sant' Anastasia" geschaffen hat. Im **Waffensaal** stammen die Schwerter und Hellebarden aus dem 14.–18. Jahrhundert. Im 10. Saal sollte man den Flügelaltar von Turone di Maxio (~1356–1387) beachten.

Eines der bekanntesten **Gemälde** des Museums ist das Kinderbildnis von Franceso Caroto (1480–1555). Es zeigt einen Jungen, der dem Betrachter eine kindliche Strichzeichnung entgegenhält. Im 10. Saal sollte man den Flügelaltar von Turone di Maxio (~ 1356–1387) beachten, in Saal 11 sind Bilder von Pisanello („Madonna mit der Wachtel"), Jacopo Bellini („Madonna der Demut") und Stefano di Verona („Jungfrau mit dem Knaben") ausgestellt. In Saal 14 zeigt Andrea Mantegnas beeindruckendes Bild „Die Heilige Familie mit der hl. Julia" in den ausdrucksstarken Gesichtern die Leiden der Flucht.

Manchen mag die **Fülle der Exponate** geradezu erschlagen und vielleicht ist es deshalb besser, nicht am Stück durch das Museum zu gehen, sondern auf zwei Besuche verteilt die Kunst aus einem Jahrtausend zu entdecken.

› **Museo Civico d'Arte,** Castelvecchio, Corso Castelvecchio 2, Tel. 045 7110109, http://museodicastelvecchio.comune.verona.it, Di.–So. 10–18, Einlass bis 17.15 Uhr, Eintritt 9 € oder VeronaCard

Der Ponte Scaligero, einst Fluchtweg für Skaligerfürsten, ist für den motorisierten Verkehr gesperrt

24 Ponte Scaligero ★★ [H6]

Die Brücke ließen die Skaliger im 14. Jh. zeitgleich mit dem Castelvecchio errichten. Sie hatte nur einen Zweck: Sie war Fluchtroute für die Skaliger im Falle eines Falles.

Mit drei Bögen überspannt die Brücke die hier 120 m breite Etsch. Wegen des relativ starken Gefälles und der höheren Fließgeschwindigkeit an dieser Stelle des Flusses war die für damalige Zeit **beeindruckend große Spannweite der Einzelbögen** möglich, da die Etsch hier keine Ablagerungen oder Aushöhlungen verursachte und die Fundamente massiger gestaltet werden konnten. Als Baumaterial wurde bei den Fundamenten und Bogenrücken Naturstein verwendet, den man mit Ziegeln übermauerte.

Keiner durfte den Ponte Scaligero betreten außer den Skaligern selbst. Sie war tatsächlich **nur zu Fluchtzwecken gebaut** worden, wenn es in der Stadt wieder unruhig wurde und die Bürger gegen das verhasste Regime der Skaliger aufstehen wollten. In diesem Fall konnten die Mitglieder der Adelsfamilie über die Brücke ans andere Ufer und das Etschtal hinauf fliehen. Aus diesem Grunde ist sie auch als Verteidigungswerk mit Zinnen konzipiert. Ironie der Geschichte: Die Skaliger wurden nicht von den Einwohnern Veronas, die sie so sehr fürchteten, gelyncht, sondern brachten sich schließlich gegenseitig um.

Am Ende des Zweiten Weltkrieges verminten deutsche Soldaten auf dem Rückzug die Brücke und sprengten sie anschließend. Die **Rekonstruktion** fand bis 1951 unter Verwendung der im Flussbett verbliebenen Originalmaterialien statt. Heute ist die Brücke für den Autoverkehr gesperrt.

Im Westen der Altstadt

Quert man die Etsch über die Brücke Ponte Scaligero, passiert man das Arsenale Austriaco, die ehemalige Artilleriekaserne. Hier fließt wieder der Autoverkehr. Über die Brücke Ponte Risorgimento [G5] erreicht man das südliche Ufer mit breiten Avenuen und einem modernen Straßenbild. Erst bei der Piazza San Zeno [F/G6] kann man sich erneut in engen Gassen verlieren.

25 Arsenale Austriaco ★ [H6]

Wechselt man über den Ponte Scaligero 24 auf die westliche Uferseite, gelangt man zur Piazza Sacco e Vanzetti und zum dortigen großflächigen Arsenale, das aus habsburgischer Zeit stammt und die letzten Jahrzehnte vernachlässigt wurde. Pläne, dem Komplex Leben einzuhauchen, es zu einer Art Kulturzentrum mit Veranstaltungsräumen, Ateliers und einem überdachten Markt umzubauen, liegen seit Jahren in den Schubladen der Stadtverwaltung.

Das Arsenal Franz Josefs I. geht auf den Feldmarschall **Radetzky** zurück, errichtet hat es zwischen 1854 und 1861 der Militäringenieur Oberstleutnant Conrad Petrasch. Es misst etwa 400 m mal 175 m, bedeckt eine Fläche von 7 ha und **wirkt wie eine klei-**

Mein Tipp

Pause für Kinder

Derzeit gibt es (noch) nur einen echten Grund, das Arsenale zu besuchen – dies ist der **Kinderspielplatz**, wo die Kleinen sich auf dem eingefriedeten Rasen richtig austoben und die bei den Museumsbesuchen aufgestauten Energien loswerden können. Ein Kiosk verkauft Erfrischungen und Eis.

ne Stadt mit Plätzen, Höfen und Straßen. Es war Lager und Kaserne, Sitz der Kommandantur, Artillerieschule und besaß Werkstätten und Ställe – alles, was eine funktionierende Garnisonsstadt eben benötigte.

› Piazza Arsenale 11

26 Basilica di San Zeno ★★★ [G6]

Die Kirche gilt als eine der schönsten Basiliken aus romanischer Zeit in ganz Italien. Breit und wuchtig erhebt sie sich auf dem weiten, gepflasterten Platz. Geweiht ist sie San Zeno (vom Griechischen abgeleitet: „Geschenk des Zeus"), dem Schutzheiligen der Stadt.

Die Basilika entstand nach der Zerstörung des Vorgängerbaus eines Klosters der Benediktiner durch ein Erdbeben. Bis auf das 4. Jh. n. Chr. geht die wechselvolle Geschichte des Klosters zurück, dessen Gotteshaus ab 807 auch als Grabstätte des achten Bischofs von Verona und Namensgebers San Zeno diente. Zu Beginn des 9. Jh. hat man auf Geheiß des zweiten Sohns Karls des Großen und Königs von Italien, Pippin, Kirche und Kloster erweitert.

Gleich zu Beginn fällt die **abwechslungsreiche Fassadengestaltung** auf, die durch die Verwendung zweier Steinarten entstand: behauener Travertin und gebrannte Ziegel. Zurückzuführen ist dies auf die Verwendung von Backsteinen während der ersten Bauphase ab 1117. Bei Baufortschritt wechselte man immer stärker hin zum Travertin, der erst im Wechsel mit Ziegeln, dann – wie an einer Seitenwand zu sehen – alleine verwendet wurde. 1138 war die Kirche fertig. Umbauten fanden zwischen 1217 und 1225 statt, wobei die Fassade die heute zu sehende Rosette erhielt. Der Glockenturm wurde 1178 fertiggestellt. 1770 verfügte Venedig die Säkularisierung des Klosters und die Umwidmung der Kirche zur Pfarrkirche, wenngleich der Titel des Abtes erhalten blieb.

047ve Abb.: sk

Das **Bronzeportal** aus einzelnen Platten auf einem hölzernen Träger verdient besonderes Augenmerk. Es stammt in Teilen von der Türe aus dem Jahr 1130, die in die heutigen, etwa 50 Jahre jüngeren Türflügel einging. Die 48 Platten zeigen biblische Geschichten von der Erschaffung Evas bis zur Enthauptung Johannes des Täufers oder die Himmelfahrt Christi und Bilder, die San Zeno selbst zum Thema haben. Sie folgen nicht der Chronologie. Auffällig ist der unterschiedliche Stil der alten und neueren Bronzearbeiten: Während die ersteren in gröberer Ausarbeitung sich noch aufs Wesentliche beschränken, zeigen die jüngeren Platten schon eine verfeinerte Ausführung mit perspektivischer Wirkung.

Über dem Tor und unter dem herausragenden Vordach ist **San Zeno** zu sehen, zu seiner Linken Fußsoldaten, zur Rechten Reiter – San Zeno überreicht dem Volke die Standarte Veronas. Unter dieser allegorischen Darstellung von Volksnähe, die darauf anspielt, dass Verona 1136 eine

048ve Abb.: sk

freie Kommune wurde, sind Szenen aus dem Leben des Heiligen dargestellt. Die seitlich des Portals angeordneten **18 Flachreliefs** beziehen sich auf Altes und Neues Testament und auf das Leben des Ostgotenkönigs Theoderich, beispielsweise sein „Duell mit Odoaker" und „Die Jagd". Den links der Kirche angebauten Kreuzgang tragen Doppelsäulen, die teils in Rundbögen, teils in Spitzbögen auslaufen. Er wurde mehrfach umgebaut und erweitert (1123, 1293, 1313 und 1400). Auf einer Seite des Kreuzgangs ragt ein kleiner Nischenaufbau mit zierlichen Säulen und wuchtigen Pfeilern in die Rasenfläche.

Krypta und Hochkirche von San Zeno

Ein Ort der Stille: Kreuzgang von San Zeno

Mein Tipp

Die Osteria Abazia direkt neben der Kirche San Zeno (26) ist eine waschechte Veroneser Enoteca mit Essensangebot. Zu günstigen Preisen erhält man Piadine, Panini, aber auch eine Portion Pasta – und natürlich ein Glas Wein.

1 [F6] **Osteria Abazia,** Vicolo Abazia 1a, https://osteria-abazia-verona.jimdosite.com, tgl. 10–22 Uhr

Betritt man die Kirche (über den Kreuzgang), gelangt man in den dreischiffigen Hauptbau, die ehemalige Volkskirche. In Richtung Nordosten die Kreuz- und Rundpfeiler entlang blickt man auf Hochkirche und Chor und in die Krypta hinein, die auf einer die ganze Breite des Langschiffs einnehmenden Treppe erreichbar ist. Der Aufgang wurde erst nach der Zerstörung der ursprünglichen Treppe 1871 konzipiert. Zuvor führte sie hinauf zur Hochkirche. Die heutige, so **monumental wirkende Sicht auf Chor und Krypta** war also ursprünglich gar nicht beabsichtigt.

Linker und rechter Hand des Haupteingangs befinden sich **zwei Taufbecken,** das östliche, marmorne hat Brioloto geschaffen, das westliche aus Sandstein stammt aus dem 2. Jh. und stand einst in einem römischen Badehaus. Das Freskenfragment des „Letzten Abendmahles" hinter Briolotos Werk wurde um 1400 aufgebracht.

Der Renaissancealtar im östlichen Seitenschiff ist ein Werk des beginnenden 16. Jh. Das Hauptbild zeigt Maria mit dem Kinde zwischen den Heiligen Anna, Zeno, Sebastian und Christoph, gemalt von Francesco Torbido. Die Allegorien am Giebel soll Battista del Moro geschaffen haben. Vor dem nächstliegenden Altar fallen an der Wand Fresken aus dem 12. Jh.

auf: Darunter die „Weiße Madonna“ aus der Schule Giottos und der „Heilige Christophorus“ – Schutzpatron der Reisenden. Für den Altar benutzte man als Fundament **Reste eines romanischen Portals** mit einem Löwen und einem Stier. Die folgenden Fresken sind aus dem 14. Jh. und anonymer Herkunft. Auf ihnen sind u. a. „St. Georg und die Prinzessin“ und die „Auferstehung des Lazarus“ zu sehen.

In der gotischen Hauptkapelle von Giovanni und Nicolò da Ferrara (1398) steht der **Hochaltar mit einem dreiteiligen Altarbild** von Andrea Mantegna (1459). Es zeigt „Die Erhabenheit der Jungfrau“ und gilt als eines der Meisterwerke norditalienischer Renaissancemalerei. Die Bilder im unteren Teil hingegen sind nur noch Kopien – Napoleon gefielen diese so gut, dass er sie gleich mitnehmen ließ. Heute sind sie teilweise im Louvre zu besichtigen.

In der Apsis links hinter dem Hochaltar lächelt der Heilige Zeno seit dem 13. Jh. in Marmor. Da er in Afrika geboren worden sein soll, ist er traditionsgemäß aus schwarzem Stein gehauen. Das vielleicht **bedeutendste Fresko** der Kirche ist an der nordwestlichen Wand zu sehen: „Die Kreuzigung“, wahrscheinlich von Altichiero, einem Schüler Giottos, in der zweiten Hälfte des 14. Jh. geschaffen.

Die Brüstung über der Treppe in die **Krypta** stellt „Christus mit den zwölf Aposteln“ dar. Die Krypta selbst trägt die Hochkirche auf 48 Säulen, an ihrem hinteren Ende finden sich in einer Urne in der Apsis die sterblichen Überreste von San Zeno.

› Piazza San Zeno, Tel. 045 8006120, www.chieseverona.it/it/le-chiese/la-basilica-di-san-zeno, März–Okt. Mo.–Fr. 9–18.30, Sa. 9–18, So. 13–18.30, Nov.–Febr. Mo.–Fr. 10–17, Sa. 9.30–18, So. 13–17.30 Uhr, Eintritt 4 € oder VeronaCard, Kombiticket mit den Kirchen Sant' Anastasia 15, San Fermo Maggiore 38 und dem Dom 17 8 €

› Anfahrt mit Bus Nr. 32/33 vom Castelvecchio (Haltestelle Piazza Pozza), sonntags Bus Nr. 91 vom Bahnhof (Haltestelle Piazza Corrubio)

27 Convento di San Bernardino ★ [G7]

Den Komplex des Convento di San Bernardino betritt man durch eine kleine Pforte von der Südseite her, ansonsten zeigt sich die **Klosterstadt** durch eine hohe Mauer rundum sehr unzugänglich und uneinsehbar gestaltet. Der weite, mit Fresken geschmückte, zypressenbestandene Kreuzgang gibt den Blick auf die Fassade der Kirche frei. Der größte Teil des Gebäudekomplexes entstand ab 1452 in zweijähriger Bauzeit als Kloster der Franziskaner in gemischtem Stil. Das Renaissanceportal schmückt eine gotische Fassade, die drei Skulpturen zeigen die hl. Bonaventura, Bernhard und Antonius.

Nach dem Eintritt in die Klosterkirche gelangt man in das holzgedeckte Hauptschiff, dem man nachträglich das **rechte Nebenschiff mit mehreren Kapellen** angefügt hat. Die Kapelle des hl. Franziskus direkt beim Eingang ist mit Fresken von Nicolò Giolfino geschmückt, die Szenen aus dem Leben des Heiligen zeigen. Man achte insbesondere auf das Gemälde „Franziskus bei der Rückgabe seiner Kleider an den Vater“. In dessen Hintergrund breitet sich das Stadtpanorama von Verona mit dem Ponte Pietra 16 und dem Kastell San Pietro 31 aus.

Die **reich dekorierte Capella Pellegrini** in Höhe des Presbyteriums ist als Rundbau ausgeführt und geht auf Pläne von Sanmicheli zurück. Beach-

086ve Abb.: sk

tenswert ist auch die Orgel aus dem Jahr 1481 an der linken Seite des Hauptschiffes und die ebenfalls aus dem 15. Jh. stammende Kanzel mit Baldachin, die das Wappen der Stifterfamilie Rossi trägt. Die Flügel der Orgel bemalte Domenico Morone mit den Bildern „St. Franziskus mit den Stigmen“ und „St. Bernhard mit dem Monogramm Christi“. In dem anschließenden **Bibliothekssaal Sala Morone** (Zugang erfragen!) sind weitere Fresken von Domenico Morone zu sehen, besonders bemerkenswert ist hier das Bild „Jungfrau auf dem Throne und die Heiligen“.

› Piazza San Francesco, Tel. 045 596497, www.sanbernardinoverona.it, Mo.–Mi. u. Fr. 8.30–12.30, Mo.–Fr. auch 15.30–18.30, Sa./So. 8–12.30, 15.30–18 Uhr, Spende erbeten

Auf dem Weg zum Bahnhof passiert man die Porta Palio, heute Teil des Parco della Mura

28 Parco della Mura ★ [G8]

Den Parco della Mura übersehen die meisten Touristen, denn nahezu jeder Besucher Veronas will vom Bahnhof [G9] kommend möglichst schnell zur Altstadt vordringen. Dabei markiert der Park mit seinen **Bastionen** und den beiden Toren die **Stadtmauer des mittelalterlichen Verona.** Der östliche Baluardo di Riformati [H9] stammt von 1835, ein Jahr später hat man den westlichen Baluardo di Santo Spirito [G8] fertiggestellt. Die österreichischen Befestigungswerke, die in Richtung Bahnhof ausgerichtet sind, zeigen sich mächtig und eindrucksvoll.

Im Osten öffnete sich die Stadt mit der **Porta Nuova** [I9] (erbaut 1533–1540) dem Umland, im Westen gab die **Porta Palio** [G8] (1546/47 entstanden) Sicherheit. Einige Spazierwege führen durch den Park, man begegnet hier aber nur wenigen Müßiggängern. Östlich der Porta Nuova gibt es einen **Spielplatz**.

Entlang der östlichen Etsch

Am östlichen Arm der Etsch locken beidseitig des Ufers Kirchen, altrömische Stätten, Ausblicke auf Verona, Museen, Veronetta, das Universitätsviertel, und geschwungene Straßen zwischen hohen Mauern, die in die Hügel führen.

Rund um das Teatro Romano

29 Chiesa di Santo Stefano ★ [K4]

Unscheinbar zeigt sich die leicht zurückgesetzte romanische Kirche an der stark befahrenen Uferstraße entlang der Etsch. Im 2. Jh. stand hier ein Isis und Serapis gewidmeter Tempel, den im 4. Jh. ein Oratorium ersetzte. Dieses zerstörte wiederum der ostgotische Herrscher Theoderich, der selbst eine neue Kirche errichten ließ. Bis ins 8. Jh. hinein fungierte die Kirche wahrscheinlich als **Kathedrale von Verona**, sie verfiel aber zusehends und wurde aufgegeben. Das Erdbeben von 1117 tat das Seinige.

Im 12. Jh. fand ein **vollständiger Umbau** statt: Man schuf im Stil der damaligen Zeit eine streifige Fassade aus Ziegeln und Tuffstein und überbaute die Kirche mit einem (für Verona unüblichen) achteckigen Turm über der Vierung. Die Apsis kam im 14. Jh. hinzu, im 17. Jh. fand die Barockisierung des Innenraums statt.

Die Kapelle gleich hinter dem Eingang rechter Hand *(Cappella degli Innocenti)* zeigt das Gemälde „Fünf Veroneser Bischöfe“ von Marcantonio Bassetti, deren Reliquien hier auch verwahrt werden. Das erhöhte

090ve Abb.: sk

Presbyterium besitzt einen **Bischofsstuhl** aus dem 8. Jh. – ein Hinweis auf die Nutzung des Gotteshauses als Kathedrale.

› Vicolo Scaletta Santo Stefano 2, Tel. 045 8348529, Do.–Sa. 10–17.30, So. 12.30–17.30 Uhr

30 Teatro Romano und Museo Archeologico ★★★ [K5]

Die Sitzreihen des Römischen Theaters ziehen sich einen Hang gegenüber der Altstadt hinauf und erlauben einen tollen Blick auf deren Dächer und Türme. Weiter oben ist in den Gebäuden des Konvents von San Gerolamo ein Museum mit vorzüglich arrangierten archäologischen Fundstücken untergebracht.

Das Theater wurde Ende des 1. Jh. n. Chr. erbaut und lag über Jahrhunderte in einem Dornröschenschlaf. Im frühen Mittelalter nutzte man das Areal als Steinbruch und überbaute es mit einer Kirche und Wohnhütten. 1834 begannen die Ausgrabungen, heute sieht man noch **25 Reihen der halbrunden unteren Tribüne.** Vom oberen Tribünenteil mit zwölf Sitzreihen und der mehrstöckigen Frontmauer des Theaters ist nichts mehr erhalten. Nur oberhalb der heutigen Marmorabtreppung ist noch eine Loggia zu sehen, die das Theater nach oben hin abschloss.

Die gesamte Anlage war **einst 150 m lang** und (wie bei römischen Theatern üblich) **mit Figuren geschmückt.** Zu erahnen sind noch die prächtigen seitlichen Abschlussbauten mit den Theatereingängen. Der Osteingang lag etwa in Höhe der antiken (nicht mehr erhaltenen) Brücke Postumia, zum Westeingang fluteten die Besucher über den Ponte Pietra 16. Das Römische Theater betritt man durch das Kassenhäuschen des ehemaligen Osteingangs. Setzt man sich auf die Stufen, geht der Blick in den Orchestergraben und auf die Bühne. Im östlichen Bereich ist zwischen den Zypressen als einziger Rest der mittelalterlichen Überbauung noch die Kirche SS. Siro e Libera erhalten, die aus dem 10. Jh. stammt, aber mehrfache Umbauten sah. Die Treppenanlage wurde im Barock angefügt.

Über mehrere Treppen (oder bequem mit der Standseilbahn, die das Etschufer mit der Burg San Pietro verbindet und am Museum hält) gelangt man zum Eingang des **Archäo-**

⌃ *Oberhalb des Teatro Romano befindet sich das Museo Archeologico*

‹ *Der Altarraum der Kirche Santo Stefano wurde behutsam modernisiert*

051ve Abb.: sk

MEIN TIPP

Weitsicht auch am Werktag

Die Terrassen oberhalb des Konvents sind nur am Sonntag für die Öffentlichkeit zugänglich. Wer die herrliche Weitsicht auch werktags genießen will, muss um das Theater außen herum gehen und zum Castel San Pietro 31 aufsteigen.

logischen Museums. Es befindet sich in den Gebäuden des Konvents, in dem sich christliche Baukunst mit der Kunst der alten Römer ein Stelldichein gibt. Nach Verlassen des Aufzugs erreicht man den ersten Ausstellungssaal. In der oberen Etage sollte man besonderes Augenmerk auf die Bodenmosaike (aus einer Villa aus dem 3. Jh.) und die Statuen von Göttern und Hermen richten. Außerdem zu sehen: Skulpturornamente aus dem Theater und Modelle der öffentlichen Gebäude des römischen Verona.

Über eine Treppe geht es hinunter zum kleinen Hof und dem Refektorium, dessen schöne Fresken zunehmend verblassen. Hier sind besonders die Skulpturen sehenswert. Die Aphrodite fand man am Domplatz (Kopie eines Werkes des Phidias – berühmtester griechischer Bildhauer der Antike). Die Mönchszellen stellen kleinere Gegenstände aus, darunter etruskische und römische Bronzen, Kapitelle und Glasvasen.

Auf dem Weg zum Kreuzgang passiert man archäologische Objekte, die u. a. die Familie Giusti der Stadt überlassen hat. Der Kreuzgang aus dem 15. Jh. beherbergt **Mosaiken und Grabstelen** vom 1. Jh. v. Chr. bis zum 3. Jh. n. Chr. Hier lässt sich die Bildsprache der Römer studieren. Auf einer Stele sieht man beispielsweise einen Jüngling mit einer umgedrehten Fackel. Seine Aufgabe war es, die Toten ins Jenseits zu begleiten, die in die Erde gesteckte Fackel symbolisiert hierbei das erlöschende Leben.

Die angeschlossene Kapelle hat Caroto 1508 mit Fresken ausgestattet. Tritt man nun aus der Kapelle auf die große Terrasse, genießt man einen **herrlichen Blick über die Etsch und Verona.** Unter den Römern war hier ein Nymphäum (= Brunnentempel) in den Hang gegraben, die Jesuiten bauten stattdessen eine Zisterne und errichteten auf ihr den zweiten Kreuzgang des Konvents, der nur noch in wenigen Teilen erhalten ist.

› **Teatro Romano/Museo Archeologico,** Rigaste Redentore 2, Tel. 045 8000360,

⌃ Im archäologischen Museum 30

› Das Castel San Pietro thront der Altstadt gegenüber auf einem Hügel

https://museoarcheologico.comune.verona.it, Di.-So. 10-18, Einlass bis 17.30 Uhr, Eintritt 9 € oder VeronaCard, Nov.-März jeden ersten So. im Monat Eintritt 1 €

› **Karten für Estate Teatrale Veronese:** Palazzo Barbieri, Angolo Via Leoncino 61, www.spettacoloverona.it, Tel. 045 8011154 (s. S. 79)

› **Standseilbahn** : www.funicolarediverona.it, April-Okt. 10-21 Uhr, Nov.-März 10-17 Uhr, einfache Fahrt 2 €, Rückfahrkarte 3 €

31 Castel San Pietro ★ [L5]

Zahlreiche Stufen führen gleich links neben dem Römischen Theater hinauf zum Castel San Pietro, einer **Kaserne aus österreichischer Zeit.** Dem genaueren Betrachter fallen hier die unüblichen, fünfeckig behauenen Steine auf. Das Habsburger Militär forderte von seinen Baumeistern, dass mindestens 90 % der verwendeten Steine auf diese Weise bearbeitet sein mussten, da damit eine höhere Stabilität bei Beschuss garantiert war. Von den Terrassen der Anlage hat man **einen der schönsten Blicke auf die Stadt und die Umgebung.**

Von hier blickt man auf das nördliche Ufer der Etsch und sieht Geschichte. Bei der Kirche San Giorgio (hinter dem Convento San Stefano) geben sich Bauwerke aus drei Epochen ein Stelldichein: Westlich der Kirche sind die weißen Steine einer österreichischen Befestigung zu sehen, die östlich liegende Wehranlage ist venezianischen Ursprungs und diese geht schließlich nach Osten und die Hügel hochlaufend in eine mittelalterliche Wehrmauer über.

KURZ & KNAPP

Freundinnen

Läuft man vom Castel di San Pietro 31 abwärts die Via Fontana di Sopra zwischen den mit Kapernbüschen bewachsenen Mauern entlang, passiert man einen **Klosterkomplex** mit einem wunderschönen dazugehörigen **Park** – früher die Jugendherberge Veronas, die die Diözese zwecks besserer Verwertung der Anlage 2017 geschlossen hat.

Hier lebte lange Jahre eine Adlige mit ihrer Bediensteten. Als die Contessa verstarb, vermachte sie den Besitz ihrer einzigen Angestellten, die ihr auch Freundin geworden war. Weitere 30 Jahre gingen ins Land, in denen die ehemalige Dienerin ganz alleine den Palazzo bewohnte, zunehmend schrullig wurde und nach und nach im Winter die Möbel verbrannte, um die großen Räume zu heizen. Mit ihrem Tod gelangte der Palast in den Besitz des Klosters.

219ve Abb.: sk

Über Jahre hinweg hat man das Kastell renoviert, die Bauarbeiten sind nun mehr oder weniger abgeschlossen. Irgendwann soll ein Museum einziehen (bisher ist nicht entschieden welches), zwischenzeitlich wird es sporadisch für Ausstellungen benutzt.

Die **Standseilbahn**, die bereits von 1940 bis 1944 das Ufer der Etsch mit dem Kastell verband, fährt heute wieder bergan (55 Höhenmeter) und macht beim Archäologischen Museum 30 einen Zwischenstopp.

32 Museo Africano ★ [L5]

Das Afrikamuseum befindet sich im Komplex der *Missionari Comboniani.* Ein Saal ist der **ständigen Sammlung** vorbehalten, ein anderer beherbergt **temporäre Ausstellungen.** Das Museum soll das Leben in Afrika im Kontext der drei Dimensionen des Lebenskreises zeigen: die horizontale (Einbindung in das Leben mit seinen Mitmenschen), die vertikale (Bindung an ein höheres Wesen) und die zirkulare (Teil des endlosen Kosmos).

Die Sammlung der auf **Daniel Comboni** (geb. 1831 in Limone/Gardasee, gest. 1881) zurückgehenden Mission ist hervorragend kuratiert: Kunstwerke und Alltagsgegenstände, Musikinstrumente und Sakralobjekte werden mit Videos in ihren kulturellen Kontext gesetzt und so erlebbar.

Am Lungoadige Re Teodorico gegenüber der Kirche Santa Maria in Organo befindet sich in einem kleinen Park das **Denkmal** für den Missionar, der aus weißem Marmor geschaffen zwei schwarze Kinder in seinen Armen hält.

› Vicolo Pozzo 1, www.museoafricano.org, Tel. 045 8092199, Di.-Fr. 9-14, 15-19, Sa./So. 15-18 Uhr, im Aug. geschl., Eintritt 5 €, mit VeronaCard 3 €

33 San Giovanni in Valle ★ [L5]

Die romanische Kirche besticht sowohl außen als auch innen durch ihre **einfache Eleganz**.

Entstanden ist San Giovanni im 6. Jahrhundert. Das Erdbeben von 1117 verwüstete den Bau und man begann die (1167 abgeschlossene) Neuerrichtung.

Bombardierungen 1945 machten eine Rekonstruierung erforderlich und man baute die Veränderungen des Mittelalters zurück. Heute zeigt sich die Kirche weitestgehend **im ursprünglichen Gewand** und dazu gehört auch, dass sie nicht aus unterschiedlichen Materialien, sondern nur aus Ziegeln besteht.

Über dem Eingang ist das Gemälde „Madonna und Heilige" von Stefano da Verona zu sehen, das Portal mit dem Vorbau stammt aus dem 15. Jahrhundert, der Glockenturm aus dem 18. Jahrhundert.

Vom Eingang steigt man in die Kirche hinab, nur 5 m breit ist das Hauptschiff, die beiden Nebenschiffe messen gar nur 3,50 m – bei einer Länge von 21,50 m eine **verblüffende Schlankheit**, die das Stimmungsvolle des Betsaales noch unterstützt. Die Decke ruht auf einem Dachstuhl und wird von Säulen und Pfeilern getragen, jedes der drei Schiffe besitzt eine Apsis.

In der ebenfalls dreischiffigen **Krypta**, die im Prinzip der ursprünglichen Kirche aus dem 6. Jahrhundert entspricht, stehen zwei Sarkophage, der linke aus dem 4. Jahrhundert, der rechte ist wahrscheinlich noch älteren Datums, jeweils mit Anfügungen aus der Mitte des zweiten Millenniums.

› Via San Giovanni in Valle, Tel. 045 8030119, Do.-Sa. 10-17.30, So. 12.30-17.30 Uhr

MEIN TIPP

Rastplatz für Familien

Gegenüber der Kirche San Giovanni in Valle 33 verbirgt sich hinter einer Mauer ein Garten namens **Corte del Duca mit öffentlichem Spielplatz** – eine gute Möglichkeit für Familien, eine Rast einzulegen.

Veronetta

Das „kleine Verona" nannten die Bewohner der Altstadt den Stadtteil jenseits der Etsch und wollten sich damit von dem zu Beginn des 19. Jahrhunderts ausgebauten Viertel abgrenzen. Heute eilen Studierende durch die Gassen zu den Brücken und zurück und die Wohnungen sind durchaus begehrt.

34 Chiesa Santa Maria in Organo ★ [L5]

Die für den Orden der (zu den Benediktinern gehörenden) Olivetanern errichtete Kirche aus dem 15. Jahrhundert bezeichnen die Einheimischen wegen der **reichen und wunderschönen Gemälde** auch als **„ihre" Freskengalerie.** Das von Sanmicheli entworfene, vorgeblendete Portal aus drei Marmorbögen erinnert an einen römischen Triumphbogen und trägt die innere Kirchstruktur als dreischiffigen Bau nach außen.

Die **herrlichen Holzeinlegearbeiten** in der Sakristei und am Chorgestühl hat Fra Giovanni da Verona geschaffen, sie gelten als einzigartig. Das im Stil der Renaissance ausgeschmückte Innere zeigt im Mittelschiff Fresken mit Abbildungen aus dem Alten Testament von Giolfino und Caroto.

Auch die Gemälde im Presbyterium sind beachtenswert: Das Altarbild schuf Guercino 1639, an der linken Rückwand malte Luca Giordano den „Seligen Bernardo Tolomei". In der Sakristei zeigen Fresken der Brüder Morone Darstellungen von Päpsten und Benediktinern.

› Piazzetta Santa Maria in Organo, Tel. 045 591440, Do./Fr. 10.30–17.30, Sa. 10–16.30, So. 11–17.30 Uhr

35 Giardino Giusti ★★★ [L6]

Eines der Highlights von Veronetta ist der Garten der Giusti. Hinter der Fassade eines Palazzo verbirgt sich der in Privatbesitz stehende, aber der Öffentlichkeit gegen einen Obolus zugängliche Garten mit hohen Zypressen, Marmorstatuen, Rasen und Springbrunnen. Bänke laden zum Verweilen ein.

Die großen Zypressen hat Goethe bereits auf seiner Italienreise beschrieben (siehe „Aus Goethes ‚Italienischer Reise'", S. 52). Die **grüne Oase** ist sowohl für Erwachsene als auch für **Kinder** an heißen Tagen ein erholsamer Platz.

Entstanden ist der Garten um das Jahr 1570 durch die aus Florenz stammenden Giusti, die sich in Verona die prächtige Anlage errichten ließen. Im 19. Jahrhundert wandelte die Familie den Park in einen **Englischen Garten** um. Leider sind viele der uralten Zypressen dem Zweiten Weltkrieg zum Opfer gefallen, was eine umfassende Neuanpflanzung notwendig machte.

Heute gibt sich der Garten im Stil des 19. Jh., die Zypressenallee weist hoch zu einer überdimensionalen Maske, deren Maul früher bei Festen Feuer entströmte. Darunter liegt eine **künstliche Tropfsteinhöhle.** Terrassen erweitern den Blick über die ganze Stadt und der **kleine Irrgarten** zählt zu den ältesten in Europa.

Der **Palazzo** zeigt als Museum Fresken, Möbel des ausklingenden 19. Jh. und eine antike Sammlung.

Aus Goethes „Italienischer Reise"

„… Aber merkwürdig war mir's, dass heute früh, da sie mit Blumen, Gemüse, Knoblauch und so vielen anderen Markterzeugnissen durcheinander liefen, ihnen der Zypressenzweig nicht entging, den ich in der Hand trug. Einige grüne Zapfen hingen daran und daneben hielt ich blühende Kapernzweige. Sie sahen alle, groß und klein, mir auf die Finger und schienen wunderliche Gedanken zu haben. Diese Zweige bracht ich aus dem Garten Giusti, der eine treffliche Lage und ungeheure Zypressen hat, die alle pfriemenartig in die Luft stehen. Wahrscheinlich sind die spitz zugeschnittenen Taxus der nordischen Gartenkunst Nachahmungen dieses herrlichen Naturproduktes. Ein Baum, dessen Zweige von unten bis oben, die ältesten wie die jüngsten, gen Himmel streben, der seine dreihundert Jahre dauert, ist wohl der Verehrung wert. Der Zeit nach, da der Garten angelegt worden, haben diese schon ein so hohes Alter erreicht."

Johann Wolfgang von Goethe am 17. September 1786 in Verona

› Via Giardino Giusti 2, www.giardinogiusti.com, Tel. 045 8034029, April–Sept. tgl. 9–19, Okt.–März tgl. 10–18 Uhr, Eintritt 12 €, mit Verona Card 9 €

Kunstvolle Fresken schmücken die Kirche San Fermo Maggiore 38

36 Chiesa San Tomaso Cantuariense ★ [L6]

Die Kirche hatte einst einen berühmten Organisten, wenn auch nur besuchsweise: Der **13-jährige Mozart gab in ihr ein Orgelkonzert** und hinterließ seine Initialen „WSM" (= Wolfgang Salisburgensis Mozart) im Holz des Gestühls. Von außen sind diese nicht zu sehen und leider ist der Arbeitsplatz des Organisten der Öffentlichkeit nicht zugänglich. So muss das Wissen darum genügen, wenn man in Fortführung der Tradition eines der Orgelkonzerte besucht. Die Pfarrei kümmert sich sehr engagiert um ihre Schäflein, von denen nicht wenige aus Afrika kommen. Kinder müssen nicht streng geordnet in den Bänken sitzen, sondern dürfen sich auf kleinen Stühlen rund um eigens für sie aufgestellte Tische gruppieren.

Die Kirche geht auf zwei beieinander stehende Vorgängerbauten zurück, die eine 1316 (dem Bischof Thomas Becket von Canterbury geweiht), die andere 1351 als Verkündigungskirche errichtet. 1484 begann der Bau des heutigen Gotteshauses und man verwendete Teile der alten Gebäude weiter, z.B. das Seitenportal. 1504 weihte man die Kirche, fünfzig Jahre später baute man sie bereits um.

Der dafür zuständige und in der Kirche bestattete Sanmicheli (1484–1559) entwarf auch die Chorwand, die ihm zum Triumphbogen geriet. Je vier Seitenaltäre strukturieren die Längswände und entstammen dem Barock, ihre Umrahmungen aber sind noch aus der Zeit der Ersterbauung. Der dritte Altar auf der rechten Seite sticht wegen seines farbigen Marmors hervor, der vierte zeigt ein Bild von Girolamo dai Libri (1474–1555): „Sebastian, Rochus und Hiob". Der **Grabstein Sanmichelis** findet sich gleich rechts

053ve Abb.: sk

neben dem Eingang, die Grabstelle liegt vor dem zweiten Altar rechts.

› Lungoadige Re Teodorico/Ponte Navi, Tel. 045 8030356, Sa. 10–17.30 Uhr

37 Palazzo Pompei mit Museo di Storia Naturale ★ [L7]

Das Museum hat unzählige Versteinerungen in seinem Besitz: Fische, Quallen, Muscheln und Pflanzen berichten so von der Jahrmillionen entfernten Vergangenheit. Zahlreiche ausgestopfte Tiere bringen nicht nur Kindern die Vielfalt der Fauna aus der ganzen Welt nahe.

Die Sammlung ist im Palazzo Lavezzola-Pompei aus dem 16. Jh. untergebracht, den Sanmicheli erbaute. Wer sein Bad neu gestalten will, wird erstaunt sein über die zahlreichen Farbschattierungen, zu denen der Veroneser Marmor fähig ist. Die ausgestellten Fossilien stammen aus den Lessiner Bergen gleich nördlich Veronas.

Für **Kinder** aber sicherlich interessanter sind die **ausgestopften Körper aller nur erdenklichen Tierarten.** Neben vielen Vögeln mag der ausgestorbene Dodo als Anschauungsmaterial für die menschliche Tätigkeit an der Natur dienen – der letzte Dodo soll von einem spanischen Conquistador 1681 erschlagen worden sein. Lustig sieht das Erdferkel aus, bedrohlich wirken die Raubkatzen. Auch wer sich für Schmetterlinge interessiert, kommt auf seine Kosten und entdeckt das eine oder andere seltene Exemplar in den Schaukästen. Zwei Millionen Stücke zählt der Fundus des Hauses, nur ein geringer Teil davon kann entsprechend ausgestellt werden.

› Lungoadige Porta Vittoria 9, www.museostorianaturaleverona.it, Tel. 045 8079400, Di.–So. 10–18, Einlass bis 17.30 Uhr, Eintritt 6 € oder VeronaCard, Nov.–März jeden ersten So. im Monat Eintritt 1 €

38 Chiesa San Fermo Maggiore ★★ [K7]

Dieses wunderschöne Beispiel für den Veroneser Sakralbau stammt aus dem 11. Jahrhundert. Die Doppelkirche enthält zahlreiche Fresken aus dem 13., 14. und 15. Jahrhundert und ein beeindruckendes Grabmonument.

Die Geschichte des Gotteshauses geht auf das 5. Jahrhundert zurück, als für die Märtyrer San Fermo und San Rustico ein Grabmal errichtet wurde. Noch heute birgt der Hauptaltar ihre Reliquien. Sie sind die einzigen **Märtyrer Veronas** und fanden 361 den Tod. Ihre sterblichen Reste kamen zu Missionszwecken nach Afrika und später nach Koper im heutigen Slowenien. Erst 755 kaufte man sie zurück und bettete sie unter den Altar der Kirche.

Durch Überschwemmungen der Etsch hatte sich das Niveau der ursprünglichen Basilika abgesenkt und Benediktinermönche begannen 1065 mit einem **Neubau unter Verwendung der alten Kirche**, die als Unterkirche in ihrer ursprünglichen Form erhalten blieb. 1138 war der Bau abgeschlossen, 100 Jahre später gelangte das Kloster in die Hände der Franziskaner, die die dreischiffige Oberkirche in eine einschiffige Hallenkirche wandelten.

Die **Hauptfassade** zeigt sich durch die Verwendung von Natur- und Kunststein in wechselnden Lagen in typischer Zweifarbigkeit. Links des Portales befindet sich das Grabmal für den Leibarzt der Skaliger, Aventino Fracastoro (gest. 1368). Betritt man San Fermo durch das Nebenportal, fällt als Erstes die wertvolle Holzdecke ins Auge. Das breite Schiff mit den **zahlreichen Skulpturwerken und Fresken** strahlt Würde aus. Die beiden Kreuzigungsgemälde verdienen besondere Beachtung: Jenes im Bogenfeld über dem Hauptportal stammt von Turone, das andere über dem Nebeneingang aus der Schule Altichieris. Direkt gegenüber dem Nebenportal sieht man ein Freskenfragment von Stefano da Verona: Engel, die Spruchbänder halten.

In der rechten hinteren Ecke der Kirche ist das wichtigste Kunstwerk zu sehen, das **Grabmonument** für Nicolò Brenzoni von Nanni di Bartolo und Pisanello, die als Bildhauer und Maler eine **perfekte Symbiose von Skultptur und Gemälde** schufen. Zwei Putten öffnen einen Baldachin, Christus aufersteht über dem Grabmal, Grabwächter ruhen unterhalb.

213ve Abb.: sk

Oft umgebaut, aber immer noch harmonisch: San Fermo Maggiore

In die **Unterkirche** gelangt man über eine Treppe rechts vom Hauptaltar. Die „Kirche unter der Kirche" hat als Besonderheit weitere tragende Säulen im Mittelschiff, sodass sie wie ein vierschiffiger Bau wirkt, der durch die Säulen und Pfeiler in quadratische Abschnitte aufgeteilt ist. Die Fresken an Wänden und Pfeilern stammen aus dem 13. und 14. Jahrhundert.

› Stradale San Fermo, Tel. 045 592813, www.chieseverona.it/en, März-Okt. Mo.-Sa. 9.30-18, So. 13-17.30, Nov.-Febr. Mo.-Fr. 10-17, Sa. 10-17.30, So. 13-17.30 Uhr, Eintritt 4 € oder VeronaCard, Kombiticket mit den Kirchen Sant' Anastasia 15, San Zeno 26 und dem Dom 17 8 €

Auf dem Weg zur Piazza Brà

39 Shakespeare Interactive Museum ★ [K7]

Wie der Name schon sagt: ein buntes und interaktives Spektakel mit modernster Technologie, das mit dem Autor der Liebesgeschichte um Romeo und Julia bekannt und deren Plot erfahrbar macht – mithilfe von Leinwänden, Projektionen und Bildschirminteraktion. Abschließend berichtet die Protagonistin live von ihrem traurigen Schicksal, während die Schauplätze der Geschehnisse virtuell eingeblendet werden.

› Vicolo Satiro 8, Tel. 045 4578922, https://casashakespeare.it, Mitte Juni-Juli u. Sept. Fr.-So. 14.30-17 Uhr, Eintritt 19,50 €

0874ve Abb.: sk

„Der Sarkophag" der unglücklichen Julia ist zwar ein PR-Gag, aber auch ein Publikumsmagnet

40 Grab der Julia und Freskenmuseum ★★ [K8]

Wem das Haus der Julia recht war, dem ist ihr Grabmal billig. Andere sollten aber nicht enttäuscht sein – das angeschlossene Freskenmuseum ist allemal einen Besuch wert.

Der Abteikomplex San Francesco al Corso am Ufer der Etsch geht auf das 13. Jahrhundert zurück. Hier soll Bruder Lorenzo das berühmteste Liebespaar der Weltliteratur getraut haben und hier sollen die beiden im heute in den Gewölben zu findenden **Sarkophag** eine vorübergehende Ruhestätte gefunden haben. Steigt man die Treppen hinab, werden viele vom Anblick enttäuscht sein: Zu sehen ist ein an eine Tränke erinnernder ausgehöhlter Stein, ab und an mit welken Blumensträußlein geschmückt.

Die **Sage** will, dass man die Leichname von Julia und Romeo hierher brachte. Die Stadtverwaltung aber habe entschieden, dass Selbstmördern kein Publikum zu verschaffen sei, weshalb die Gebeine und der Deckel des Sargs an geheime Plätze gebracht wurden. Dennoch kamen die Verehrer von Shakespeares Liebespaar weiter zur Grabstätte, nahmen gar Splitter des Sarkophags mit und ließen sich – wie Marie-Louise von Österreich, die Gattin Napoleon Bonapartes – Schmuck daraus arbeiten.

Ursprünglich stand der Sarkophag in einem Hof des Klosters, erst 1937 brachte man ihn an seinen heutigen Platz. Auslöser war die ein Jahr vorher aufgeführte Hollywoodverfilmung des Stoffes mit Norma Shearer und Leslie Howard in den Hauptrollen. Im Film wurde die Sterbeszene in einem Gewölbe abgedreht. Der geschäftstüchtige Leiter der Veroneser Museen, Antonio Avena, erwartete einen großen Publikumserfolg und im Folgenden die Anreise zahlungskräftiger US-Amerikaner. Gesagt, getan: Der Sarkophag kam in den Keller und man behielt recht. Es ist sogar möglich, sich in einem Saal des Museums trauen zu lassen.

Nicht aus der Fantasiewelt ist das **Museo degli Affreschi G. B. Cavalcaselle.** Es öffnete 1975 seine Pforten und zeigt **Fresken aus den Palazzi Veronas** aus dem 16. und 18. Jh. Sie wurden aus Privathäusern ins Museum gebracht, um sie der Öffentlichkeit zugänglich zu machen bzw. als konservatorische Maßnahme, weil sie an ihrem ursprünglichen Ort gefährdet waren. Im Kellerbereich sind Amphoren aus altrömischer Zeit untergebracht (die man in einem gesunkenen Lastkahn gefunden hat), im Hof steht klassische Skulpturenkunst neben modernen Werken.

› **Tomba di Giulietta e Museo degli Affreschi,** Via del Pontiere 35, Tel. 045 8062611, https://museodegliaffreschi.comune.verona.it, Di.–So. 10–18, Einlass bis 17.30 Uhr, Eintritt 6 € oder VeronaCard, Nov.–März jeden 1. So. im Monat Eintritt 1 €

Eine Geschichte mit Geschichte

Es war ein Soldat, der die Geschichte das erste Mal niederschrieb. **Luigi da Porto** hatte die Idee für seine Novelle – so die Legende – von einem einfachen Bogenschützen, der am Lagerfeuer zur Unterhaltung die Geschichte einer unglücklichen Liebe schilderte. Da Porto schrieb sie auf und verlieh dem Liebespaar Namen: **Romeo Montecchi** und **Giulietta Cappelletti.**

Erst nach Portos Tod wurde das Werk veröffentlicht (1531). Der Novellenschreiber Matteo Bandello trug die Geschichte weiter und schließlich landete sie auf dem Pult von Shakespeare, der die Familiennamen des Liebespaars zu Montague und Capulet anglisierte und die Geschichte 1596 zum weltberühmten Drama und Synonym für tragische Liebesaffären machte.

002ve Abb.: sk

Verona für Kunst- und Museumsfreunde

In Verona und seinen Museen breitet sich das ganze Potpourri der geschichtlichen Entwicklung Europas aus, von den alten Römern über die Hochzeiten des Mittelalters bis hin zur Neuzeit. Besonders Freunde kirchlicher Kunst werden in den zahlreichen Gotteshäusern und Museen fündig.

Wichtigste Auftraggeber und initiativ verantwortlich dafür, dass Verona ein Zentrum der Kunst wurde, sind die **Skaliger** gewesen, deren Hofhaltung zahlreiche Kunstschaffende der Architektur, Malerei und Dichtung anzog, darunter den italienischen Nationaldichter **Dante Alighieri** (1265–1321).

Altichiero da Zevio (1339–1390) stammte aus Zevio und wirkte in Verona. Die von ihm gegründete **Veroneser Malschule** brachte der **Freskenmalerei** neue Impulse und beeinflusste durch sein Werk maßgeblich die Renaissancemalerei in der Stadt und in ganz Norditalien. **Antonio Pisanello** (1395–1455) war als Maler zwischen Spätgotik und Frührenaissance in ganz Italien tätig. Nur zwei Fresken seines Werkes sind erhalten geblieben und beide finden sich in Verona (s. S. 59). **Andrea Mantegna** (1431–1506) ist der bedeutendste Maler der oberitalienischen Frührenaissance. Im 15. Jh. erlangte der Veroneser Dominikaner **Fra Giocondo** (1435–1515) als Baumeister der Renaissance Berühmtheit in ganz Italien.

205ve Abb.: sk

[<] Vorseite: Entspannung auf den Stufen des Teatro Romano 30

Liberale da Verona (1441–1526) nahm sich einen der größten italienischen Maler der Frührenaissance, Andrea Mantegna, zum Vorbild, arbeitete als Miniaturenmaler in Siena, aber auch in seiner Geburtsstadt Verona. **Michele Sanmicheli** (1484–1559) wurde zwar nicht in Verona geboren, sollte aber das Stadtbild dennoch entscheidend beeinflussen. In den Diensten Venedigs zeichnete er als Festungsbaumeister verantwortlich für die Wehrbauten Veronas und gilt heute als einer der wichtigsten Architekten der italienischen Hochrenaissance. Herausragender Künstler des 16. Jh. und einer der berühmtesten Maler der Stadt war **Paolo Caliari** (1528–1588) – il Veronese –, der Venedigs Bilderwelt entscheidend beeinflusste.

Das **Museo Civico d'Arte** in der Skaligerburg Castelvecchio 23 zeigt Gemälde der Veroneser Schule und ist auch für die gesamte Ausstellungskonzeption und die Integration des Museums in ein altes Kastell richtungsweisend. Im **Museo Canoni-**

cale 18 am Domplatz wird nicht nur die sakrale Kunst der Stadt aufgefächert, in der Sammlung stehen Bilder, Skulpturen, Schnitzereien, Emailarbeiten aus sieben Jahrhunderten und archäologische Funde, die in die frühchristliche Zeit zurückreichen.

Die **Basilica di Sant' Anastasia** 15 ist unter anderem wegen eines Freskos von Altichiero da Zevio („Madonna mit den Heiligen und der Familie Cavallo") und eines von **Pisanello** („Georgslegende") sehenswert. Das zweite Werk Pisanellos ist in der **Chiesa San Fermo Maggiore** 38 zu besichtigen, „die Verkündigung". In der **Basilica di San Zeno** 26, einer der schönsten romanischen Kirchen der Stadt, stammt das Altartriptychon von Mantegna (1459). Im **Duomo Santa Maria Matricolare** 17 sollte man auf die Anbetung der Könige von Liberale da Verona und die „Jungfrau Maria" von Tizian achten.

Dem Leben des Adels hat sich das **Museo Miniscalchi-Erizzo** 20 mit Möbeln und der Sammlung der Familie verschrieben, ebenso das Museum des **Giardino Giusti** 35.

Das **Museo Lapidario Maffeiano** 5 widmet sich der Archäologie und zeigt Altrömisches – wie auch das **Museo Archeologico** 30 beim Römischen Theater. Auch die archäologische Zone von **Corte Sgarzerie** 7 entführt in die Zeit des alten Roms.

Einen hervorragenden (wenn auch nicht vollständigen) Überblick über das Kunstschaffen Italiens von der Antike bis zur Gegenwart gibt das **Museum im Palazzo Maffei** (s. S. 20) auf der Piazza delle Erbe 8.

Eine Muse im städtischen Freskenmuseum 40

Verona für Genießer

Die Bars, Cafés, Restaurants und Trattorien gehen in Verona in die Hunderte, viele sind ausgezeichnet und die restlichen bieten eine reelle Küche. So kann man also überall einkehren und ist dort gern gesehener Gast.

Wohin zum Essen?

Die Wahl eines Lokals fällt in Verona schwer. So zahlreich die Restaurants, so zahlreich sind auch deren **Benennungen:** *Rosticceria* (Kleinigkeiten am Tresen genossen), *Trattoria* (eigentlich ein einfaches Restaurant, heutzutage aber auch durchaus edel mit entsprechend angepassten Preisen), *Tavola Calda* (warme Küche in noch etwas einfacherem Ambiente), *Osteria* (einfache Weinstube oder auch teures Speiselokal), *Enoteca* und *Taverna* (eher Weinlokale, aber häufig mit einer wenn auch abgespeckten Speisekarte), als Spitzenreiter das *Ristorante* und dann natürlich noch die *Pizzeria,* die meist neben dem belegten Teigfladen weitere Gerichte anbietet und dies mit der Außenwerbung „Trattoria/Pizzeria" kundtut.

Weitere Möglichkeiten der Nahrungsaufnahme findet man in der *Panineria,* die nichts als belegte Brötchen serviert, und der *Spaghetteria,* die ausschließlich Nudelgerichte im Angebot hat. In den Bars und Cafés werden delikate **Kleinigkeiten** serviert: *Tramezzini, Crostini* und belegte Brötchen. So ist der Tisch oder die Theke also reichlich gedeckt. Und wo immer man sich auch gerade aufhält: Ein Ort, um den Hunger oder Durst zu stillen, ist nur wenige Schritte entfernt.

Wann zum Essen?

Das **Frühstück** nimmt in ganz Italien nicht den gleichen Stellenwert ein wie in Mittel- und Nordeuropa. Ein schneller Kaffee, ein Gebäckstück in der Bar an der Ecke zwischen 6 Uhr morgens und 10 Uhr, das war's auch schon. Den touristischen Bedürfnissen ist es gedankt, dass die meisten Hotels heutzutage ein reichhaltiges Frühstücksbüfett servieren (meist zwischen 7 und 9.30 Uhr).

Das **Mittagessen** ist dem Veroneser schon wesentlich wichtiger. So schließen die Büros um 13 Uhr und öffnen frühestens um 15 Uhr, damit genügend Zeit für ein ausgedehntes Mittagessen zu Hause oder in einem Lokal besteht.

Das **Abendessen** wird üblicherweise ab 19/19.30 Uhr serviert, manche Lokale (häufig Pizzerie) öffnen aber auch schon ab 18 Uhr die Türen. Veroneser gehen meist ab 20 Uhr essen. Während der Opernsaison im Sommer passen sich viele Lokale dem Vorstellungsbeginn an (um 21 Uhr) und bieten schon frühzeitig eine spezielle Speisekarte für Arenabesucher. (Hierfür besser vorbestellen!)

Öl vom Baum

Die Provinz Verona hat die größte Dichte an Olivenbäumen in ganz Norditalien. Die in der Region angebauten Sorten heißen Trep, Favarol (auch Perlarol), Casaliva, Leccino und Grignan.

Obwohl man sich hier bereits an der Nordgrenze des Verbreitungsgebiets der Olive befindet, genießt besonders das Öl aus den „Colline veronesi", den Veroneser Hügeln, einen ausgezeichneten Ruf. Wie bei Wein ist die Herkunft als DOC kontrolliert und die Herkunftsbezeichnung geschützt.

Jährlich werden aus 3000 bis 5000 Tonnen meist zwischen November und Januar von Hand gesammelter und unmittelbar verarbeiteter Oliven 500 bis 700 Tonnen Öl gepresst. Als besondere Eigenschaften des grüngoldenen, kräftig-nussig schmeckenden und im Abgang leicht bitteren Öls gelten der niedrige Säuregehalt und die Haltbarkeit.

Küchentraditionen

Die Veroneser Küche zeichnet sich für die Bewohner des Veneto nicht durch besonders ausgefallene Ingredienzen aus, sie ist **bodenständig** und verarbeitet das, was die Bauernhöfe der Umgebung seit Jahrhunderten produzieren, nach althergebrachter Weise, so wie es bereits Theoderich und seine Zeitgenossen gegessen haben sollen.

Natürlich gibt es auch Süßwasserfische wie Karpfen oder Schleie und all das, was die Adria hergibt, denn das Meer und der Gardasee sind schließlich nicht weit weg. Und Verona am Fuß der sich auftürmenden Alpen und am Beginn der weiten Ebenen Norditaliens hat seit jeher auch in der Küche eine Mittlerrolle zwischen Meer und See, Sumpfland und Berg gespielt. Fisch, Reis und Wurst geben sich also ein Stelldichein, doch die Tradition ist eine Idee **mehr dem Fleisch zugewandt**, eher dem Reis und dem Mais denn der Nudel und dem Fisch.

Für mittel- und nordeuropäische Gaumen hält Verona eine Überraschung bereit: **Pferdefleisch.** Einst das Essen der ärmeren Bevölkerungsschichten auch jenseits der Alpen (dort aber vom Speisezettel fast vollständig verschwunden), gibt es in Verona eine Art Renaissance. Besseresser sind ganz begeistert von dem cholesterinarmen und eiweißreichen Fleisch. Der Legende nach geht eines der besonders typischen Gerichte Veronas – die **Patissada de Caval** – auf einen Krieg zurück. Nachdem Theoderich Odoaker 489 besiegt hatte, blieben auf dem Schlachtfeld vor Verona eine Unzahl von Pferdekadavern liegen, deren Fleisch der Ostgote an das Volk verteilen ließ. Aus welchen Gründen auch immer – vielleicht war es doch zu lange gelegen – entschieden sich die Menschen, das Fleisch erst einmal eine längere Zeit zu marinieren und dann mehrstündig durchzukochen. Serviert wird die *Patissada* heute meist mit *Polenta:* Fester Maisbrei, der mit Salz und feingeriebenem Käse gewürzt frisch aus dem Topf oder in der Pfanne angebraten auf den Teller kommt.

Wenn eine Speise der Patissada den Rang ablaufen kann, dann ist es die **Pearà**, eine Art Brei, der entsteht, wenn man Fleischbrühe, geriebenes Weißbrot und Rindermark zur dicklichen Masse köcheln lässt und mit viel, wirklich viel Pfeffer würzt. Fast wie Kartoffelpürree im tiefen Teller serviert, wird sie in Begleitung von Brot gelöffelt.

Weitere feine Gerichte werden auch aus den **Innereien** von Schwein und Rind zubereitet. So sind die Kutteln fast ein Nationalgericht Norditaliens, natürlich auch Veronas, und Leber nach venezianischer Art ist in der Stadt an der Etsch ebenso ein Standard. Im *Bollito misto* wird nicht nur eine Fleischsorte verarbeitet. In den Eintopf kommen Rind, Schwein, Huhn, optional auch Kaninchen oder Pferdefleisch.

Aus früheren Zeiten, als das Salzen und Trocknen die einzige Möglichkeit der Konservierung war, stammen die **Stockfischrezepte.** Bar jeglicher Feuchtigkeit muss der *Baccalà* (Kabeljau) erst einmal mehrstündig gewässert werden, bevor man ihn weiterverarbeiten kann. Das Einweichwasser sollte möglichst schnell entsorgt werden, wenn man eine feinere Nase besitzt. Der so vorbereitete Stockfisch kommt als Eintopf, als Suppe oder auch als Mus auf den Tisch. Gewürzt wird nach alten Familienrezepten – wohlgehütete Geheimnisse der Dame des Hauses, die an die Nachkommen nur mündlich überliefert werden.

In den Cafés und Bars sind die Auslagen angefüllt mit Tramezzini, Crostini und Tartine. **Tramezzini** sind zwei dreieckig geschnittene, aufeinandergelegte Toastscheiben, zwischen die leckere Füllungen kommen, gerne mit Mayonnaise angefeuchtet, bestehend aus Gemüse, Salaten, Wurstaufschnitt oder Käse – oder allem zusammen. **Crostini und Tartine** sind belegte Weißbrotscheiben, auf denen alles Erdenkliche von Wurst über Käse bis hin zu Fisch und Gemüse drapiert ist. Sie sind die feinen Brüder der *Tramezzini,* die eher einem *con tutto* entsprechen, während auf Crostini und Tartine eine Geschmacksrichtung vorherrscht.

So bestellt man sich einen Teller mit sechs oder zehn unterschiedlichen Belägen, die man zu einem Kaltgetränk oder auch einem Glas Wein verspeist – ein ideales Gericht für den kleinen Hunger zwischendurch und wesentlich gesünder und wohlschmeckender als süße Riegel aus dem Supermarktregal. Die Köche dieser Köstlichkeiten übertreffen sich gegenseitig in den **Arrangements der**

Beläge, sodass jedem das Wasser im Munde zusammenläuft, wenn er einen Blick in die Vitrinen wirft.

Unter den **Naschereien** ist das **Pan d'Oro** die berühmteste. Das sehr zarte, luftige „goldene Brot" ist ein Gebäck aus einem Hefeteig mit Mehl, Ei und viel Butter. Traditionellerweise wird das *Pan* zu Weihnachten gebacken und mit viel Vanillezucker bestäubt. Zahlreiche Variationen sind möglich und werden mit Füllungen aus Creme oder Marmelade noch gehaltvoller. Die **Tarta Russa** besteht aus Mürbeteig mit einer Mandelfüllung und kommt so ebenfalls sehr gehaltvoll daher, ihr Name geht auf die russische Kopfbedeckung *Kolpak* zurück, der der Kuchen ähnelt.

Natürlich darf auch bei den Süßigkeiten das Liebespaar nicht fehlen: **Baci di Giulietta e Romeo** sind Pralinés, weiß-schwarze Köstlichkeiten aus Mandeln und Nüssen. **I Galani** kommen zu Fastnacht in die Läden: Teigfladen, die schwimmend in Öl ausgebacken und mit Puderzucker bestreut werden. Und schließlich lockt die **Torta della Rose**, ein Teig, der wie Blüten aufgeht. (Dazu muss der Sauerteig sage und schreibe 55 Stunden gehen!)

Rezept für Patissada de Caval

Man nehme 1 kg Jungpferdefleisch aus der Keule und mariniere es mit Gewürznelken und Lorbeerblättern in einem irdenen Gefäß für 24 Stunden. Dann koche man das Fleisch mit Paprikapulver, Pfeffer und Salz, 1 kg Zwiebeln und Wurzelgemüse für zwei Stunden.

Nun füge man eine Flasche Rotwein von mindestens 15 Vol.-% Alk. hinzu und lasse das Ganze für weitere zwei Stunden auf dem Feuer vor sich hinköcheln. Danach passiere man das Gemüse, sodass es sich mit dem Fleischsaft zu einer dicken Sauce bindet, die das nun fast zerfallene Fleisch umgibt.

Wein

Verona ist **von Weinbergen eingeschlossen**, die ganze Umgebung ist Weinland und in der Stadt findet im April die größte Weinmesse Italiens statt (s. „Zur richtigen Zeit am richtigen Ort", S. 79). Lange Zeit kam der Rebensaft aus der Valpolicella und dem Bardolino in Zwei-Liter-Flaschen in die Supermärkte jenseits des Gebirges und von dort auf die Bänke in den Parks. Heute hat sich die Situation grundlegend geändert. Die italienischen Weine und besonders jene aus der Provinz Verona haben ihrer hohen Qualität wegen einen wahren **Siegeszug angetreten**, was sich auch im Preis ausdrückt.

Das Valpolicellagebiet ersteckt sich nördlich von Verona, das Soavegebiet östlich, der Bardolino kommt aus dem Westen von den Ufern des Gardasees. Praktisch immer erhält man in den einfacheren Lokalen, sehr häufig auch in den teureren, einen offenen Wein in der Karaffe zu einem viertel, einem halben oder einem ganzen Liter, zumindest aber einen erschwinglichen auf Flasche gezogenen **Hauswein** – den *vino della casa*. Diese sind immer gut zu trinken, wenn sie als Alltagswein natürlich keinen besonders tiefen Charakter besitzen oder Sensationen auf dem Gaumen hervorrufen. Wer will aber schon jeden Tag Weihnachten feiern ...

Soave

Soave ist für seine leichten und bekömmlichen Weißweine bekannt und wenn nicht Alboin der Langobarde vor eineinhalb Jahrtausenden über die Alpen nach Süden gezogen wäre, gäbe es vielleicht weder die Stadt noch den Wein, der im Verkauf nach dem Chianti mengenmäßig immerhin den zweiten Platz innehat. In Alboins Gefolge befanden sich nämlich Teile des Volkes der germanischen Sueven – Schwaben –, die sich hier ansiedelten und für die Namensgebung verantwortlich zeichneten.

Es werden die Trauben Trebbiano und Chardonnay angebaut, noch aus der Antike stammt die wichtigste und typischste Sorte Garganega. Jedes Örtchen im Soavegebiet hat seine **besonderen Böden**, die dem jeweiligen Wein eine ganz spezielle Note verleihen sollen, sodass die feinsten Nasen zumindest auf eine kleine Weltreise gehen können. Eine Besonderheit stellt der Dessertwein *Recioto di Soave* dar, eine Art Trockenbeerenauslese und mit der höchsten italienischen Weinauszeichnung geadelt: DOCG – kontrolliert und garantiert.

Bardolino

Der Bardolino ist ein leichter roter oder Roséwein aus den Trauben Corvina, Negrara, Rondinella und Molinara. Ein **hervorragender, ehrlich-einfacher Alltagswein**, der, weil auch meist schon ein- oder zweijährig getrunken, keinen schweren Kopf macht und eine Pasta oder eine Pizza bestens begleitet. Er eignet sich zudem als Mittel zum Zwecke einer *ombretta* – eines kleinen Schattens –, wenn man sich den lieben langen Tag nur ab und an ein Schlückchen gönnt und so nicht nüchtern bleibt, aber auch nicht wirklich alkoholisiert ist.

Je näher die Lagen dem **Ufer des Gardasees** liegen, desto qualitätsvoller gilt der produzierte Wein, da er einen reicheren Körper besitzt als der abseits des Sees angebaute. Der *Novello* aus dem Bardolinogebiet kommt noch im Jahr der Lese im Spätherbst in die Geschäfte und wird wie der *Beaujolais primeur* umgehend konsumiert. Die Rosés werden in den etwas kräftigeren *rosato* und den helleren und leichteren *chiaretto* unterteilt.

Valpolicella

Das Valpolicellagebiet ist die für Verona wichtigste Anbauregion, nicht nur weil es der Stadt am nächsten liegt, sondern weil – so behaupten zumindest die Lokalpatrioten – der beste Wein von hier kommt. Und das ist sicherlich der **Recioto della Valpolicella.** Er entsteht wie sein Bruder aus dem Soave aus getrockneten Trauben. Der Wein wird ganz normal gekeltert und kann in Fässern gären, doch im Dezember wird noch einmal Most hinzugefügt, der aus Beeren gepresst wurde, die bis dahin vor sich hin getrocknet sind und fast Rosinencharakter haben. Mit der Hinzufügung des süßen Mostes wird eine zweite Gärung eingeleitet, *governo* genannt.

Genaue Bemessungen des Zuckergehaltes lassen so eine liebliche Version entstehen, den Recioto, und eine trockene, gehaltvolle Version – den **Amarone della Valpolicella,** der Beherrscher aller Weine in den Restaurants nicht nur von Verona. 15 % Alkoholgehalt ist das Minimum, kann aber bis zu 17 % oder 18 % ansteigen. Der mit einem leicht bitteren Abgang ausgestattete, tiefrote, fast ölige Wein lässt sich Jahrzehnte lagern. Die besten Lagen werden zu astro-

016ve Abb.: sk

nomischen Preisen gehandelt, doch gute Qualität ist auch günstiger zu haben.

Die kultivierten Rebsorten des Valpolicella entsprechen denen des Bardolino, wobei die etwas rustikale Rondinella in geringeren Anteilen benutzt wird. Die wichtigste und hochwertigste Traube ist die **Corvina**, die als *corvina veronese* und *corvinon* vorkommt. Zwischen 40 und 70% dieser Sorte müssen in einem DOC-Wein aus dem Valpolicella verarbeitet sein. Meist kommt von ihr aber nur die zweite Wahl in die „normalen" Weine, die erste wird für den Recioto und den Amarone verwendet. Will man also keinen dieser beiden kaufen, sollte man sich ein Weingut aussuchen, das auch für einen einfachen Valpolicella Trauben erster Qualität verwendet.

Trink-, Bedienungsgeld und Coperto

Mitteleuropäer empfinden es häufig als ungerecht, dass man als Gast für das Eindecken des Tisches bezahlen soll. Doch das *coperto* beinhaltet auch das Brot, das bei uns häufig extra berechnet wird, und außerdem gilt: andere Länder, andere Sitten. Die Höhe des *coperto* ist i. d. R auf den Aushängen der Lokale angegeben und bewegt sich von 1 € (einfaches Lokal) bis hinauf zu 5 € (Luxusrestaurant). Typisch ist aber ein Betrag zwischen 2 und 3 €.

Tropfen hoher Qualität finden sich in Veronas Weinkellern

Man achte bei der Bestellung darauf, ob der *servizio* (das Bedienungsgeld) im Preis enthalten ist oder ob es aufgeschlagen wird (normalerweise 10% des Rechnungsbetrags). Einen entsprechenden Vermerk findet man auf der Speisekarte.

Veroneser Gastronomie

Restaurants

2 [K7] **Antica Trattoria Al Bersagliere** €€, Via dietro Pallone 1, Tel. 045 8004824, www.trattoriaalbersagliere.it, So. und Mo. geschl. An den Wänden finden sich zahllose Fotos von Leuten, die wissen sollten, was gute Veroneser Küche ist. Ist man Leo, dem Chef, sympathisch, wird man einen denkwürdigen Abend erleben und darf vielleicht einen Blick in das Gewölbe mit dem Weinlager werfen. Auf den Tisch kommen Spezialitäten, darunter natürlich – aber eben nicht nur – Pferdefleisch, z. B. als Eintopf mit Polenta angerichtet. Hausgemachte Salami, Nudeln in Butter und mit Salbei und eine *Tarta diplomatico* könnten ein Menü vervollständigen. Man speist für rund 40 €, kann aber abhängig von der Weinwahl um ein Vielfaches tiefer in den Geldbeutel greifen. Wer den Rebensaft zu (vergleichsweise!) moderaten Preisen bestellen will, ist mit einer Flasche *Amarone della Valpolicella* nicht schlecht beraten.

3 [J7] **Bottiglieria & Ristorante Corsini** €, Largo Divisione Pasubio 2, auf Facebook, Tel. 045 596657, Mo.–Sa. ab 7/8 Uhr. Zwischen Wänden aus Flaschen sitzt man drinnen bequem an den Tischen, kostet die Weine und blickt durch vorhangdrapierte Fenster auf die Stadtmauer gegenüber. Im Sommer verlagert sich alles nach draußen und dann sind nicht nur die Tische besetzt, in Trauben steht man herum und schlürft Alkoholisches. Dazu gibt es belegte Brötchen, kalte Platten oder auch Größeres. Hat der Wein geschmeckt, kann man ihn gleich kistenweise erwerben und nach Hause mitnehmen. Auch gut als Frühstücksplatz.

Smoker's Guide

In Italien herrscht in allen öffentlich zugänglichen Gebäuden und in allen Lokalen ein **striktes Rauchverbot,** das mittels hoher Geldstrafen gnadenlos durchgesetzt wird. Wer es nicht lassen kann, setzt sich entweder im Freien nieder oder verlässt das Lokal für einen Moment – die Wirte zeigen Nachsicht und haben an den Eingängen Aschenbecher aufgestellt.

Preiskategorien

Preise für ein Menü mit Vorspeise (oder Primo), Hauptspeise und Nachtisch ohne Getränke:

€	bis 30 €
€€	30–50 €
€€€	ab 50 €

4 [K6] **Caffè Dante Bistrot** €€€, Piazza dei Signori 6, Tel. 045 8000083, www.caffedante.it, Mo. geschl. Elegantes Lokal mit Tischen auf der berühmten Piazza, gehobenes Preisniveau (immerhin gilt man als ältestes Kaffeehaus der Stadt). Wegen seiner Grillgerichte gelobt.

5 [J6] **Casa Perbellini** €€€, Vicolo Corticella San Marco 3, Tel. 045 8780860, www.casaperbellini.com, So. und Mo. geschl. Zwei Michelin-Sterne verlangen die ungeteilte Aufmerksamkeit des Gastes – wer sich hier zum Rauchen vor die Türe verdrückt, hat zwar viel Geld, aber keinen Stil.

6 [K6] **Da Ruggero Locanda** €€€, Largo Pescheria Vecchia 6, Tel. 045 9784797, www.ristorantedaruggero.it, Mo./Di. geschl. In einem Palast aus dem 16. Jh.

wird in eleganter Atmosphäre gehobene italienische Küche mit viel Fisch und Meeresgetier (aber nicht nur) serviert. Die Weinkarte der angeschlossenen Cantina ist ausgesprochen erlesen (und die Tropfen sind beileibe nicht günstig). Wer nicht aufs Geld schaut, ist mit dem *Gran Plateau di Crudità* als Vorspeise gut bedient.

7 [K5] **Hostaria La Vecchia Fontanina** €€, Piazzetta Chiavica 5, Tel. 045 591159, www.hostarialavecchiafontanina.com, So.-abend geschl. Die kleine, gemütliche Gaststätte beschränkt sich bei der Karte aufs Wesentliche, dafür sind die Preise moderat.

8 [K6] **La Taverna di Via Stella** €€, Via Stella 5c, Tel. 045 8008008, www.tavernadiviastella.com, Mi. geschl. Das kleine Lokal brilliert mit Atmosphäre und Veroneser Küche wie Pappardelle mit Stockfisch, Pferderagout mit Rauke und Parmesan oder Kaninchen mit Polenta. Als Nachtisch kommt eine Schokoladensalami auf den Tisch.

9 [K5] **Osteria Alcova del Frate** €, Via Ponte Pietra 19a, Tel. 045 8000653, www.alcovadelfrate.it, kein Ruhetag. Von außen fast nicht als Lokal zu erkennen, eröffnen sich innen im kleinen Gastraum die besten Veroneser Genüsse, angefangen vom Tartine-Teller mit Schnittchen und einem Glas bis zu warmen Gerichten wie *Bollito misto* mit Huhn, Rind, Würsten und Zunge oder das Traditionsgericht *Pearà*. Wer eine Pasta will, sollte diese mit Ei, Sardinen, Oliven, Tomaten und Erdnüssen bestellen, eine weitere Spezialität sind Tagliatelle mit Eselsragout.

10 [I7] **Osteria Casa Vino** €€, Vicolo Morette 8, Tel. 045 8004337, www.osteriacasavino.com, Mo. geschl. Kleines Lokal mit 30 Stühlen innen und einem Freisitz. Ausgezeichnet zubereitete Spezialitäten aus dem Veneto wie Auberginenravioli mit Basilikum und Kaninchen.

11 [K5] **Osteria Giulietta e Romeo** €-€€, Corso Sant'Anastasia 27, Tel. 045 8009177, www.osteriagiuliettaeromeo.it, So.-abend und Mo. geschl. Die behagliche Atmosphäre mit Hexenfiguren in jedem der kleinen Räume lädt zu einem entspannten Abend ein. Auf der Karte gibt es einige Gerichte mit Pferdefleisch.

12 [I7] **Osteria Il Ciottolo** €€, Corso Cavour 39c, Tel. 045 9231331, www.osteriailciottolo.it, Di.-mittag und Mi. geschl. Trotz der guten Lage beim Castelvecchio hat das Lokal ein moderates Preisniveau. Hier kommen Veroneser Klassiker wie Nudeln mit Kaninchenragout, *Pearà* oder Kutteln auf den Tisch. Die Karte ist klein gehalten und bewahrt so die Qualität. Das Ambiente in den Renaissance-Gewölben ist gediegen-rustikal und verspricht einen gemütlichen Aufenthalt.

13 [K6] **Osteria La Fregola** €-€€, Via Ponte Nuovo 7, Tel. 045 9619763, https://osterialafregolaverona.it, Do. geschl., sonst mittags und abends geöffnet. Unter den Arkaden eines Palast aus dem Jahr 1300 steht die herzhafte Küche im Fokus und es werden u. a. Polenta-Muffins, Pasta mit Sugo aus Pferdefleisch und Stockfisch serviert.

14 [J6] **Osteria Le Vecete** €€, Via Pellicciai 32, www.grupporialto.it, Tel. 045 594748, kein Ruhetag. Die älteste Gaststätte Veronas besitzt einen vorzüglichen

Mein Tipp

Beste Aussichten!

Die Terrasse des **Ristorante Re Teodorico** (s. S. 67) oberhalb des Römischen Theaters 30 erlaubt beim Schmausen einen fantastischen Blick von hoch oben auf die Silhouette der Stadt. Sowohl das **Cappa Café** (s. S. 72) als auch die **Bar al Ponte** (s. S. 71) entführen die Augen in die römische Zeit mit dem antiken Ponte Pietra 16 im Blickfeld.

Weinkeller mit über 120 Weinsorten. Berühmt ist das Lokal für seine *Crostoni,* belegte Brötchen, die *Patissada* aus Pferdefleisch und die ausgezeichneten Polenta-Gerichte.

15 [K5] **Osteria Sottoriva** €, Via Sottoriva 9a, Tel. 045 8014323, außerhalb der Saison Di./Mi. geschl. Das kleine, urige Lokal hat im Gastraum nur wenige Tische, meist sitzt man aber draußen unter den Arkaden und speist die ultimativen Veroneser Spezialitäten: *Pastissada de Caval con Polenta, Trippa* (Kutteln) und *Peperonata* - ein Paprikagericht.

16 [J5] **Puzzle Ristorante** €€€, Piazza Duomo 6a, Tel. 045 6311197, https://puzzleristorante.com, Do.-Mo. abends, Sa./So. auch mittags. Jedes Puzzleteil entspricht einem kleinen Gericht. Mindestens vier werden empfohlen und wer großen Hunger verspürt, nimmt das ganze Programm mit 15 Puzzleteilchen. Die Küche liebt Farben, das geometrische Arrangement und Gäste, die gerne Gourmet-Gerichte goutieren.

17 [K5] **Ristorante Antica Torretta** €€-€€€, Piazza Broilo 1, Tel. 045 8015292, www.ristoranteanticatorretta.com, kein Ruhetag. Als „raffinato e elegante" beschreiben die Italiener das Lokal, der Blick auf den Turm des Domes vom Freisitz ist wunderschön. Die Preise gelten als jenseits von gehoben, die Qualität der Speisen wird ihnen gerecht.

18 [K6] **Ristorante Arche** €€-€€€, Via Arche Scaligere 6, Tel. 045 8007415, https://ristorantearche.it, So.-abend und Mo. geschl. Wenn die Veroneser Fisch essen wollen, gehen sie traditionsgemäß in das Arche neben Romeos Haus. Billig ist es hier nicht, dafür ist das Essen ausgezeichnet und die Weinkarte dementsprechend. Während man in Frankreich Adlige zur Guillotine führte, unterzeichnete man in Verona den Vertrag für das Gasthaus, in dem Reisende (vielleicht auf der Flucht vor dem Fallbeil?) unterkamen, die Urkunde von 1789 hängt an der Wand. Die Nachspeisen sind ein Gedicht!

19 [J6] **Ristorante Greppia** €€, Vicolo Samaritana 3, Tel. 045 8004577, www.ristorantegreppia.it, Mo. geschl. Unter Gewölben oder draußen auf der Piazzetta genießt man traditionelle Gerichte aus Verona und dem Veneto wie den Fleischeintopf *Bolliti misto.* Gerne kommt man vor der Oper hierher, wobei man dann unbedingt reservieren sollte. Auch sonntagmittags hat es den Anschein, als ob die ganze Stadt hier zu speisen wünscht.

20 [J6] **Ristorante/Pizzeria Corte Farina** €-€€, Corte Farina 4, Tel. 045 8000440, www.cortefarina.it, Mo. geschl. Helle, moderne Einrichtung, grasgrüne Wände, Holztische, darauf Fleisch aus Argentinien und Pizza, auch Tische auf der Piazza.

21 [K5] **Ristorante/Pizzeria Redentore** €-€€, Via Redentore 15, Tel. 045 80005932, www.ristoranteredentore.it, Mo. geschl. In der ehemaligen Kirche oder auf der Terrasse beim römischen Theater sind die Preise trotz der prominenten Lage erstaunlich günstig. Auch Pizza für Vegetarier.

22 [K4] **Ristorante Re Teodorico** €€, Castel San Pietro, Tel. 045 8349990, www.reteodorico.com, im Winter Di. geschl. Hierher geht man an heißen Sommerabenden, um den kühlenden Hauch auf der Terrasse und den fantastischen Blick über die Stadt zu genießen. Dazu gibt es gute Cocktails, Barmusik und leckeres Essen mit Salaten, Fingerfood (Pizza, Aufschnitt) und Fleisch vom Grill.

23 [J6] **Ristorante Sant'Eufemia** €€, Via Emilei 21, Tel. 045 8006865, www.ristorantesanteufemia.verona.it. Eine ganze Gasse ist für das Lokal abgesperrt und im Sommer speist man unter den Straßenlaternen mit dem passenden südlichen Feeling.

017ve Abb.: sk

24 [J6] **Tapasotto** €€, Galleria Pellicciai 12, Tel. 045 591477, www.tapasotto.com, Mo. und Di.-mittag geschl. Natürlich sind die von der Decke hängenden Schinken der Blickfang im gestylten und dennoch gemütlichen Lokal. Die Küche beschränkt sich auf weinbegleitende Köstlichkeiten: *Cicchetti* (venezianische Schnittchen), kalte Platten und zum Abschluss gibt's natürlich Desserts.

25 [F6] **Trattoria Ai Piloti** €€, Piazza San Zeno 22, Tel. 045 597348, www.trattoriaaipiloti.it, kein Ruhetag. Besonders angenehm sitzt es sich im Garten hinten raus, aber auch drinnen in gemütlicher Wohnzimmeratmosphäre ist es schön. Familiäres Lokal mit Fischgerichten und Meeresgetier sowie Standards wie Fleisch vom Grill oder Kotelett à la Milanese.

Im Ristorante Corte Farina (s. S. 67) ist die Einrichtung stylish

Mein Tipp

Festes Menü mit Aussicht

4 km nördlich des Zentrums und 1 km von der Wallfahrtskirche Santuario Nostra Senora di Lourdes entfernt befindet sich im Veroneser Hügelland ein **kleines Lokal** mit schöner Terrasse, die Locanda San Leonardo. Jeweils zwei feste Menüs zwischen 30 und 50 € sind im täglichen Angebot, die Preise gelten inklusive Getränke und Nachtisch. Freitags wird Fisch serviert, dann zahlt man mit Getränken durchaus auch mal 70 €. Die Lage des Lokals ist bestechend und die Qualität wirklich hervorragend!

26 [J3] **Locanda San Leonardo** €€, Via dei Colli 31, Tel. 045 8342524, Di.–Sa. abends, So. mittags, Anfahrt mit Bus Nr. 41/95

Etwa 3 km nördlich des Zentrums von Verona befindet sich versteckt in den Hügeln der Agriturismo Corte San Mattia. Die Besitzer bieten neben schönen Zimmern und Ferienwohnungen im **Restaurant** auch Nicht-Pensions-Gästen ein ausgezeichnetes Abendessen an. Von der Terrasse und dem Gastraum blickt man direkt auf die Altstadt Veronas – bei Einbruch der Dämmerung ist dies besonders eindrucksvoll. Das Spezialitätenmenü mit fünf Gängen ist überaus delikat (zum Beispiel Risotto mit Roter Bete, Kalbfleisch im Speckmantel), begleitet von den eigenen Weinen, darunter auch ein Amarone. Das geschulte Personal ist überaus hilfsbereit und freundlich – ein perfekter Abend ist garantiert. Und das Menü kostet insgesamt nicht viel mehr als 30 € (zuzüglich Getränke).

27 **Agriturismo Corte San Mattia** €€, Via Santa Giuliana 2a, Tel. 045 913797, www.agriturismosanmattia.it, tgl. ab 19 Uhr, Sa./So. auch mittags

Vegetarisch und Vegan

Wer vegetarisch speisen möchte, hat es in Italien leicht. Man geht einfach in eine Pizzeria und bestellt sich seinen Pizzabelag ohne Fleisch oder Fisch. Vegetarier und Veganer finden aber auch hier feine Gerichte:

28 [K6] **Break House** €, Via Nizza 6, Tel. 375 6987496, Mo.-Sa. 11.30-22 Uhr. Schnellrestaurant mit vegetarischen und veganen Angeboten. Besonders beliebt sind die Tortillas und die Bowls, aber es gibt auch Salate, Pizza, Falafel und Burger (auf Soja-Basis). Nichts zum Verweilen, eher zum Mitnehmen und direkt essen geeignet.

29 [I8] **Flower Burger** €, Corso Porta Nuova 87, Tel. 045 2215958, www.flowerburger.it, tgl. mittags u. abends. Franchise mit vegetarischen und veganen Burgern, einigen Beilagen und Süßspeisen. Für den schnellen Hunger.

30 [G6] **La Lanterna** €€, Piazzetta Portichetti 6, Tel. 045 594929, www.lalanternaverona.it, tgl. mittags u. abends. Ein hübsches, einladendes Lokal und biologisch-vegane Küche, die wahre Geschmackssensationen zaubert. Wie wäre es mit Gnocchi mit Radicchio auf Lauchcreme? Oder einer *Grigliata mista della casa* mit gegrilltem Seitan, Tofu und Polenta?

31 [J7] **Ristorante Flora** €-€€, Stradone Scipione Maffei 8c, Tel. 045 8006300, www.ristoranteflora.it, kein Ruhetag. Eines der besten veganen und glutenfreien Restaurants des Landes, das auch eingefleischte Tieresser zu bekehren weiß. Die Speisen kommen vom Büfett und werden nach Gewicht berechnet.

32 [L6] **Zazie Verona** €, Via Gaetano Trezza 1a, Tel. 045 8015041, www.lazazie.com/zazie-blog/benvenuto-zazie-verona, Mo.-Fr. 8.30-20, Sa. 8.30-15 Uhr. Einladend mit fantasievoller, auch veganer und glutenfreier Küche. Extrem lecker: die Toastvariationen.

MEIN TIPP

Bar, Restaurant and more

Piper heißt die Lokalität etwas außerhalb bei Torricelle, 5 Kilometer nördlich vom Zentrum in den Veroneser Hügeln gelegen. Restaurant, Pizzeria und Loungebar teilen sich einen ausgedehnten Komplex mit zahlreichen Terrassen. Wenn man hierhin anreist, verbringt man auch den ganzen Abend im Piper, wobei das Essen gar nicht mal so teuer ist, wie es die extravagante, hypermoderne Einrichtung erwarten lässt. Eine Reservierung ist unumgänglich! Bei Veranstaltungen hohes Coperto bis zu 15 €.

37 **Piper** €€, Via Torricelle 7a, www.piperverona.it, Tel. 045 8309353, Mi.-So. ab 19.30 Uhr

Pizzerie

33 [L6] **Pizzeria da Salvatore** €, Piazza San Tomaso 6, www.pizzeriadasalvatorevr.com, Tel. 045 8030366, sonntagmittags und Mo. geschl. Hier kommt man nicht wegen des Ambientes her, sondern weil die Pizza ausgezeichnet, wenn auch etwas klein ist. Der Laden ist meist brechend voll.

34 [J6] **Pizzeria Du De Cope** €, Galleria Pellicciai 10, Tel. 045 595562, www.pizzeriadudecope.it, kein Ruhetag. Die vielleicht beste Pizza der Stadt: knusprig-fluffiger Rand, dünner Boden, ausgesuchter Belag, perfekt gebacken. Das Ambiente ist einfach mit buntem orientalischen Dekor.

35 [K6] **Pizzeria Impero** €, Piazza dei Signori 8, www.pizzeriaimpero.it, Tel. 045 8030160, tgl. mittags u. abends. Mit Pizza und einfachem Getränk wird man für unter 15 € satt und hat dennoch die Paläste der Herrscher Veronas vor Augen.

36 [H9] **Pizzeria/Tavola Calda delle Nazioni** €, Circonvalazione Oriani 2, Tel. 045 8033503. Unweit des Bahnhofes

077ve Abb.: sk

ist dies der ideale Ort, um sich vor einer langen Fahrt zu stärken und dabei den Geldbeutel nicht allzu sehr zu strapazieren. Wenn der Speiseraum auch riesig ist und jedem Wartesaal Ehre machen würde, so ist es hier doch hell und sauber, das Personal flink und die Küche gut.

38 [J6] **Ristorante/Pizzeria San Matteo Church** €-€€, Vicolo del Guasto 4, Tel. 045 8004538, www.smatteo.it, kein Ruhetag. Vielleicht ist das Restaurant nur deswegen zum Hit der Veroneser Jugend geworden, weil man über der und mit Blick auf die Krypta und im ehemaligen Altarraum speist. Das Essen und die Pizza sind dennoch gut, die Auswahl ist riesig und es gibt sogar „Baby-Pizze" für die Kleinen.

„Gelateria Artigianale" bedeutet, dass das Eis hausgemacht ist

Cafés und Eis

39 [K6] **Caffè Coloniale,** Piazzetta Viviani 14c, Tel. 045 8012647, www.caffecoloniale.it. Draußen auf der Piazza oder drinnen sitzt man bequem auf Korbstühlen, ein guter Platz für einen ruhigen Morgen mit der Zeitung.

40 [J5] **Caffetteria Al Duomo,** Piazza Duomo 4, Tel. 045 8004060. Geht man durch das Lokal hindurch, kommt man zu einem kleinen beschatteten Innenhof, wo Salate und Sandwiches serviert werden. Morgens geht es an der Theke recht lebendig zu, wenn die Veroneser hier einen Kaffee trinken und das obligatorische Hörnchen verspeisen.

41 [H8] **Gelateria La Romana Verona,** Piazza Santo Spirito 9, Tel. 045 2221078, www.gelateriaromana.com. Noch so ein Tempel für „das beste Eis" der Stadt. Coole Einrichtung und nur der Geschmack zählt – das Eis ist nicht zu sehen, sodass die Farbwahl ausfällt.

42 [J5] **Gelateria Pampanin,** Via Garibaldi 24, Tel. 045 8030064, www.facebook.com/gelateria.pampanin,

tgl. (außer Di.) 7.30–24 Uhr. Alles, was mit Eis zu tun hat, ist hier im Angebot: Spaghetti-Eis, Cassata, Semifreddo, Frappé, Eiskaffee ... Das Ambiente ist ein wenig steril, aber man hat ja die Geschmackssensationen.

43 [I7] **Gelateria Savoia,** Via Roma 1b, www.gelateriasavoia.it, Tel. 045 8002211. Nov.–Febr. geschlossen. Der eingeweihte Einheimische geht seit 1939 wegen des Milcheises aus der Vitrine zur Gelateria Savoia gleich um die Ecke von der Piazza Brà.

44 [I5] **Gelateria Terra i Cuore**, Via IV Novembre 20D, Tel.045 9789216, https://terraecuoregelato.it, Di.–So. 15–20, So. auch mittags. Bio-Eis in fantastischen Kombinationen. Ein toller Lesertipp!

45 [G6] **Pasticceria San Zeno,** Piazza Corrubio 33c, Tel. 328 3719525. Süße, anerkannt gute Köstlichkeiten und Kaffee werden drinnen oder auf dem schmalen Bürgersteig draußen serviert.

46 [K4] **Zeno Gelateria,** Via Sant'Alessio 6, Tel. 338 6716878, www.zenoverona.it, Sa./So. ganztags, sonst ab 16 Uhr, Di., im Winter auch Mo. geschl. Gehört zu den besten Eisdielen Italiens – ungelogen! Ausprobieren und im siebten Himmel schweben.

Verona am Abend

Wenn im Sommer die drückende Tageshitze zu Ende geht und der laue Abend beginnt, dann ist es an der Zeit, die kühle Wohnung zu verlassen und die Straßen in typisch italienischer Art zu bevölkern, im Restaurant zu speisen, am allabendlichen Corso (s. S. 8) teilzunehmen und ab und an in einer Bar ein Getränk zu bestellen. Wer dann noch unternehmungslustig ist, geht in einen Club oder eine Disco.

Theater und Konzerte

2 [J7] **Arena,** Piazza Brà, Tel. 045 8003204, www.arena.it, Karten: Via Dietro Anfiteatro 6b, Tel. 045 8005151. Zwischen Juni und August finden hier die berühmten Opernaufführungen statt.

47 [N7] **Teatro Camploy,** Via Cantarane 32, Tel. 045 8009549, www.comune.verona.it/teatrocamploy. Das junge und moderne Theaterprojekt bietet Sprechtheater, Tanztheater, moderne Konzerte und Jazz.

48 [I7] **Teatro Filarmonico,** Via dei Mutilati 4k, www.arena.it/it/teatro-filarmonico, Eintrittskarten wie bei der Arena (s. S. 107) buchbar. Philharmonie der Stadt mit Konzerten und Bühnenstücken.

49 [K6] **Teatro Nuovo,** Piazza Francesco Viviani 10, www.teatrostabileverona.it, Eintrittskarten über die Website, am Theater oder über Box Office Verona (s. S. 107). Klassische und moderne Stücke.

30 [K5] **Teatro Romano,** Rigaste Redentore 2, Tel. 045 8000360, Karten: Box Office Verona (s. S. 107), www.spettacoloverona.it, Tel. 045 8066485. Die *Estate Teatrale Veronese,* der Veroneser Theatersommer, lädt zu Aufführungen vor beeindruckender Kulisse.

Nachtleben

Bars, Weinstuben und Co.

50 [J6] **Archivio,** Via Rosa 3, Tel. 045 9781963, https://archivioverona.com, tgl. 16–1 Uhr. Craftbeer-Liebhaber und Fans innovativer Cocktails kommen in dieser Minibar gleichermaßen auf ihre Kosten. Wie wäre es mit einem Asian Mule?

51 [K5] **Bar al Ponte,** Via Ponte Pietra 26a, www.terrazzabaralponte.eu, Tel. 045 9275032. Bar und Weinstube mit einer Terrasse direkt an der alten römischen Brücke und mit Blick auf das

MEIN TIPP

Kultur unter freiem Himmel

Der **Opernsommer** und der **Theatersommer** der Stadt Verona finden unter freiem Himmel in der Arena 2, dem Römischen Theater 30 und im Corte Mercato Vecchio (Palazzo del Comune 9) statt – fast alle anderen Spielstätten haben dann hitzefrei.

Römische Theater gegenüber. Außerhalb der Saison macht man erst abends auf, im Sommer sind die Plätze draußen natürlich heiß begehrt.

52 [L6] **Café Carducci,** Via Carducci 10, Tel. 045 8030604, www.cafecarducci.it, So. geschlossen. Ideal für eine Pause in Veronetta. Unter den Gewölbebögen gibt es seit 1928 *Tramezzini* und Wein aus dem gut sortierten Lager, der auch glasweise ausgeschenkt wird – vielleicht kommt man ja mit den Einheimischen ins Gespräch.

53 [J6] **Caffè Filippini,** Piazza delle Erbe 26, Tel. 045 8004549, www.caffefilippini.it. Tagsüber schlürft man heiße Schokolade, so dick und zäh wie Sirup, abends trifft man sich zu Cocktails – und das seit 1901. Besonders freitags schwappt die Stimmung über, auch an den Tischen auf der Piazza.

54 [J5] **Caffè/Osteria Montebaldo,** Via Rosa 12, www.osteriamontebaldo.com, Tel. 045 8030579, tgl. 11–15, 18–23 Uhr. Entweder stellt man sich mit einem Glas Wein vors Lokal und plauscht oder man sitzt gemütlich drinnen bei einer Flasche und bestellt dazu wahlweise eine Lasagne *al ragu* oder eine Auswahl köstlicher Crostini.

55 [K5] **Cappa Café,** Piazzetta Brà Molinari, www.cappacafe.it, Tel. 045 8004516, tgl. bis 2 Uhr. Entweder sitzt man an der Piazza oder auf der kleinen Terrasse mit Blick auf den Ponte Pietra oder innen auf schicken marokkanischen Sitzkissen. Das arabische Flair beschränkt sich aber auf diese, sodass man ausgewachsene gewohnte Mahlzeiten mit Pasta, Pizza oder auch nur belegte Brötchen zu sich nehmen kann – nach Büroschluss genehmigt man sich hier auch gerne einen Cocktail.

56 [K6] **Locandina Cappello,** Via Cappello 16, Tel. 045 8035218, www.locandinacappello.it. Die köstlich belegten *Crostini* sind in Verona eine Legende. Dazu gibt es natürlich eine Flasche Wein. Im Sommer sitzt es sich am schönsten an einem der beiden Tische in der Gasse (die leider viel zu schnell besetzt sind). Alternativ lässt man sich drinnen an den Tischen im Obergeschoss nieder oder steigt in den Gewölbekeller hinunter.

57 [J6] **Osteria del Bugiardo,** Corso Portoni Borsari 17a, Tel. 045 591869, auf Facebook, tgl. 11–24 Uhr. Für die Veroneser ein angesagter Ort, sie nehmen ein Glas Wein, Brötchen und Häppchen und unterhalten sich.

58 [J5] **White Monkey,** Via Sant'Egidio 16, Tel. 347 9322839, www.instagram.com/white_monkey_verona, Di.–Sa. ab 7 Uhr bis spät, So. ab 10 Uhr. Café mit Snacks und Cocktailbar bis in den Morgen, ideal auch für den *aperitivo.* Motto: Abhängen unter Freunden.

Livemusik, Discos und Clubs

Obwohl Verona als Großstadt einiges an Nightlife aufbietet, zieht es viele Feierwütige in die **Großdiscos am Gardasee.** Was wo los ist, erfährt man auf der Website www.discotecheverona.it.

Betriebszeiten der Diskotheken

Häufig schließen die Diskotheken in der Stadt im Sommer und verlagern ihre Aktivitäten an die Küste oder den Gardasee.

🅓59 **Disco Berfi's,** Via Lussemburgo 1, Tel. 045 508024, www.berfis.com. Von Sept. bis April Fr. und Sa. geöffnet, die kleinere der beiden Tanzflächen wird mit 1970er- und 1980er-Musik bespielt, auf der größeren kommt House und Hip-Hop aus den Lautsprechern.

🅓60 [J7] **Le Cantine de l'Arena,** Piazzetta Scalette Rubiani (Piazza Brà), Tel. 045 8026373, www.lecantine-arena.com. Im Winterhalbjahr schleichen an den Wochenenden die Fans ins Gebäude, steigen die Treppe hinab und lauschen im Kellergewölbe den coolen Klängen und heißen Rythmen der Jazzgrößen. Das Restaurant ist Di.-Sa. 12-14.30 und 19-23.30 Uhr geöffnet, das Gewölbe bis tief in die Nacht.

🅓61 **Panorama & Panorama Garden,** Via Toricelle 9, Tel. 342 0667595, https://panoramaconceptclub.com, nur an den Wochenenden. Gepflegte Drinks und Snacks sowie gute Unterhaltung samt Panoramablick. In dem Club legen die besten DJs auf. Der Open-Air-Bereich namens Garden ist nur im Sommer geöffnet.

Verona zum Stöbern und Shoppen

Veronas Shoppingangebot kann sich mit dem jeder anderen Großstadt messen, nur macht das Bummeln, Stöbern und Kaufen in Ferienstimmung und historischer Umgebung natürlich mehr Spaß als zu Hause. Eines sollte man allerdings nicht erwarten, nämlich dass „Alta Moda" hier zum Schnäppchenpreis zu haben ist. Zu den Rabattaktionen („saldi") lassen sich aber durchaus günstige Designerstücke ergattern. Beliebte Mitbringsel sind typische Lebensmittel, Wein, Olivenöl oder „salumi".

Einkaufsstraßen

Die wichtigsten Einkaufsstraßen sind die **Via Mazzini** 6, **Via Cappello** 14, **Via Roma** [I7] und **Porta Borsari** 21, allesamt als Fußgängerzonen für den Verkehr gesperrt. Ein Modegeschäft reiht sich an das andere, alle großen Namen sind vertreten und auch die Markenshops, die in jeder größeren Stadt mit einer Dependance vertreten sind, finden sich hier. Kleidung, Schuhe und Accessoires sind in breiter Auswahl und elegant drapiert in die Schaufenster gestellt und locken Einheimische und Touristen in die Läden.

In der Hochsaison ist hier **teilweise kein Durchkommen** mehr. Der Hauptgrund liegt darin, dass die Via Mazzini die direkte und kürzeste Verbindung zwischen den beiden sehenswerten Plätzen Piazza Brà 1 und Piazza delle Erbe 8 darstellt (auf der Via Cappello geht es dann zu Julias Haus 12), die Porta Borsari wiederum der direkte Weg weiter zum Castelvecchio 23 ist, während die Via Roma die Arena 2 mit dem Castelvecchio verbindet. Durch die relativ schmalen Straßenschluchten werden die Besuchergruppen pulkweise von einem als Versammlungs- und Erkennungszeichen seltsame Gegenstände in die Luft reckenden Reiseleiter geführt – der Siegeszug der Einkaufsmeilen. Doch schon wenige Schritte abseits **in den Nebengassen** entdeckt man weitere Geschäfte und wird dort nicht automatisch an den Schaufenstern vorbeigeschoben.

Shoppingareale

Die wichtigsten Shoppingbereiche der Stadt sind im Kartenmaterial mit einer rötlichen Fläche markiert.

216ve Abb.: sk

Markt

Die **Piazza delle Erbe** (8) ist der traditionelle Markt der Stadt, früher der Heumarkt, wie der Name deutlich macht (*erbe* = Gras, Heu). Heute werden an den Ständen nur vereinzelt Lebensmittel angeboten, in der Hauptsache hängen und stehen allerlei Dinge zum Verkauf, von denen man annimmt, dass sie Touristen begeistert erwerben: Masken, Sonnenbrillen, kleine und größere Souvenirs aus chinesischer Produktion. Dennoch ist es ein Genuss, sich an einem der zahlreichen im Freien stehenden Tische niederzulassen und dem bunten Treiben zuzuschauen – die Piazza delle Erbe ist die **gute Stube der Stadt** geblieben.

Markttage und -plätze in Verona

Wochentags werden meist von 8.30 bis 14 Uhr **Regionalmärkte** in den einzelnen Stadtvierteln abgehalten. Hier eine Auswahl: Montag in der Via Avogadro (Mercato a Km Zero), Dienstag im Stadtteil Borgo Venezia, Mittwoch in Veronetta (Piazza XVI Ottobre), Freitag in San Zeno und Samstag auf der Piazzale Olimpia.

Das Täschchen für den Arena-Opernabend gibt's auf dem Markt in unzähligen Farben

Trödelmarkt

Wer sich für Antiquitäten und Trödel interessiert, geht am ersten Sonntag des Monats (nicht im Aug.) auf die **Piazza San Zeno** [F/G6] und in die umgebenden Straßen jenseits der Etsch auf den Flohmarkt (8–18, Winter bis 17 Uhr, www.retrobottegalab.it). Hier findet sich Kunst und Krempel zuhauf, manchmal ganz billig von Amateuren, die ihren Speicher aufräumen, häufiger aber von den Berufsverkäufern zu angepassten Preisen.

Supermarkt

62 [I7] **Eurospar,** Via Daniele Manin 7, zwischen Castelvecchio und Piazza Bra. Reichhaltiges Angebot und günstige Preise.

63 [G6] **Migross Supermercato,** Via Barbarani Berto 8. Liegt etwas außerhalb der Altstadt (bei San Zeno), ist aber immer noch zu Fuß zu erreichen und relativ günstig.

64 [G7] **NaturaSì** ✿, Via Carlo Pisacane 2a, Tel. 045 8034470, https://negozi.naturasi.it. Der zentrumsnächste von drei Bio-Supermärkten in Verona.

65 [K6] **Tuday Conad,** Piazzetta Pescheria 3. Einziger Supermarkt in der Altstadt.

Delikatessen

66 [K5] **Art & Chocolate,** Vicolo Cavalletto 16, Tel. 045 9230141, www.facebook.com/artandchoco. Zauberhaftes Galerie-Café mit Verkauf von (nicht nur) süßen Köstlichkeiten und Degustation vor Ort.

67 [I5] **Enoteca Dal Zovo,** Viale della Repubblica 12, Tel. 045 918050, www.

dalzovo.it. Wein in Regalen bis hoch unter die Decke, Pasta, Gewürze und Kuchen. Nicht nur Rebensaft aus ganz Italien wird angeboten, auch Wein von Australien bis Chile.

68 [J6] **Pasticceria de Rossi,** Via Porta Borsari 3c, Tel. 045 8002489, www.derossi.it. Die Pasticceria ist seit 1947 in Familienbesitz, der echte Veroneser kauft hier Brot, frische Pasta und Gebäck.

69 [K5] **Salumeria Albertini,** Corso Sant' Anastasia 41, Tel. 045 8031074, www.instagram.com/salumeria.albertini. Der Laden hat ein Denkmalschutzprädikat und das sieht man auch. So lecker angerichtet warten Schinken, Käse, Wein, Hartwürste und weitere Delikatessen selten auf einen Käufer, die Preise sind allerdings gesalzen.

Bücher, Landkarten

70 [I7] **GiusyMagic,** Via Cattaneo 27b, Tel. 045 8000427, www.giusymagic.it. Die esoterische Buchhandlung mit Kräuterladen ist eine Hexenküche voller Kristalle, erotisierender Räucherstäbchen, Heilkräuter, magischer Utensilien und Büchern aus der Welt der Esoterik.

71 [J6] **La Feltrinelli,** Via Quattro Spade 2, Tel. 045 809081, www.lafeltrinelli.it. Bücher und sonstige Medien wie CDs, DVDs und Blu-Rays.

72 [J6] **Libreria Mondadori,** Corso Sant' Anastasia 7, Tel. 045 8002234, www.mondadoristore.it, werktags 9/10–24 Uhr. Großes Sortiment auch an Büchern über Verona.

Mode und Accessoires

73 [K5] **Fatto A Mano**, Corso Sant' Anastasia 36, Tel. 045 8033655. Taschen aus Filz und Seide, Socken,

Die Salumeria Albertini steht unter Denkmalschutz

076ve Abb.: sk

Klamotten, alles von Hand genäht und vornehmlich aus Naturmaterialien wie handgewebter Seide.

74 [L6] **Il Gabbiano,** Via Carducci 2, Tel. 045 8031413, www.facebook.com/ilgabbianoj.verona. Die kleine, unscheinbare *bottega artigiana* in Veronetta ist bekannt für selbstproduzierte Taschen aller Art, auch die Anfertigung von eleganten Maßschuhen ist hier möglich.

76 [I7] **Moda Carcereri,** Via Roma 30, Tel. 045 8030238, www.modacarcereri.it. Man/frau trägt wieder Hut! Hier gibt es Kopfbedeckungen für alle erdenklichen Gelegenheiten: qualitätsvoll, hochmodisch und von klassisch bis gewagt, z. B. für die Dame im Hochsommer als zartes Gespinst arrangiert oder burgunderfarbener Filz für den extravaganten Herrn in Form gebracht.

Was man sonst so braucht

77 [J6] **C'era una volta,** Corte Melone 2b, Tel. 045 8004566, www.instagram.com/ceraunavolta.verona. Kitsch, Antiquitäten, Schmuck, Handtaschen und Uhren (von Nobelfirmen): gebraucht, aber nicht unbedingt superbillig, in einem sympathischen kleinen Laden.

78 [J6] **Fazzini Coltelleria,** Corso Sant' Anastasia 4, Tel. 045 8000193, www.fazzinicoltelleria.it. Eine Quelle für edle Messer: vom handlichen Pocketknife bis zur riesigen Aufschneidemaschine für den ganz großen Schinken zur zügigen Versorgung einer Massenveranstaltung mit hauchdünnen Scheiben.

75 [J6] **Lo Scrittoio,** Corso Porta Borsari 18, Tel. 045 8035720, www.loscrittoio.com. Der Laden für Schreibfetischisten: elegantes Schreibgerät, samtweiche Ledermappen, Anfertigung edelster Visitenkarten und Verkauf von Postkarten mit historischen Veronaansichten.

79 [I6] **Soufflé,** Corso Cavour 15, Tel. 045 8011352. Alles für den Haushalt aus Metall, Glas und Holz in hoher Qualität, darunter überaus Sinnvolles wie aus Holz gedrechselte Nudelwalker, mit denen man frisch zubereitete Teigplatten effizient zu Spaghetti, Papardelle, Tagliatelle oder auch Fettucine teilt. Hier wird jede Hausfrau bzw. jeder Hausmann fündig.

80 [I6] **Zanchi Biciclette,** Corso Cavour 13a, www.ciclizanchi.it, Tel. 045 8005681. Seit 1924 stellt das Unternehmen wunderschöne und elegante Fahrräder her. Daneben gibt es Zubehör, natürlich auch fürs „normale" Gefährt.

MEIN TIPP

quid pro quo

Im Progetto Quid kreieren benachteiligte Frauen schöne Mode in Handarbeit, echte Unikate, für die sie fair bezahlt werden. Dass die Stücke dennoch erschwinglich sind, liegt an den Zulieferungen der Stoffe und des Nähmaterials. Sie stammen von den renommiertesten italienischen Herstellern und werden meist als Spende bzw. stark verbilligt abgegeben.

81 [J5] **Progetto Quid**, Via Rosa 6, Tel. 045 5702345, https://shop.progettoquid.com

Verona für Verliebte

Was ist sinnbildlicher für die Liebe als die tragische Romanze von Giulietta e Romeo? Und so reist Jung und Alt in die Stadt der Liebe, um die Schauplätze des Dramas zu besichtigen, um die beiden zu betrauern und neue Kraft für die eigenen Sehnsüchte zu sammeln. „Die Welt ist nirgends außer diesen Mauern; nur Fegefeuer, Qual, die Hölle selbst." (Shakespeare, „Romeo und Julia")

Ob die Häuser von Julia und Romeo tatsächlich die beiden je gesehen haben, sei dahingestellt – die Historiker sind sich da uneins. Doch wer mag bezweifeln, dass das Liebespaar gelebt hat? Und dass die Geschichte so oder so ähnlich vonstatten ging? Und wenn schon: Die eine oder andere Tragödie aus Amors Feder hat sich sicherlich auch in Verona zugetragen und so mag dem Besucher das Shakespeare'sche Stück Symbol für die unglückliche Liebe sein.

Auf den Spuren von Romeo und Julia wandeln (fast) alle Besucher Veronas. So drängt man sich in den Innenhof der **Casa di Giulietta** ⑫ und wirft einen Blick auf den legendären Balkon, unter dem Romeo einst Julia seine Liebe gestand. Oder man bestaunt die mittelalterliche Fassade der **Casa Romeo** ⑬. Und wer dann noch so richtig trauern will, wirft einen Blick in den Brunnen **Pozzo dell'Amore** (s. S. 37), wo Isabella und Corrado den Tod fanden – ebenfalls ein Zeugnis der (unglücklichen) Liebe zweier junger Menschen.

Als Kontrastprogramm wirkt dann ein Spaziergang durch die Gassen und entlang der Ufer der Etsch, wo sich die Jugend auf den Begrenzungsmauern in trauter Zweisamkeit niederlässt und ihre gemeinsame Zukunft herbeiträumt.

Italien ist galant

Keinem Italiener wäre es je eingefallen, das klassische Liebespaar in der falschen Reihenfolge zu benennen, immer und überall heißt es „Julia und Romeo", aber Shakespeare stellte den Sprachrhythmus über die Höflichkeit und entschied sich für „Romeo und Julia".

Verona zum Durchatmen

Zahllos sind die Winkel der Altstadt, die, nur wenige Schritte vom Trubel der Hauptgassen entfernt, in eine vergessene Welt eintauchen lassen. Mittelalterliche Fassaden, eine Dame, die Blumentöpfe auf die Straße stellt, eine Katze, die aus dem Fenster springt und stolz übers Kopfsteinpflaster davonläuft – zahllose kleine Begebenheiten vereinen sich auf einem Spaziergang durch das „centro storico" zu einem charmanten und entspannten Bild.

☑ *Einmal im Leben auf Julias Balkon stehen ...*

020ve Abb.: sk

Wer seinen **Morgenkaffee** am liebsten alleine, ohne die Aufregung eines Gespächs, ohne vorbeiziehende Touristen und nur mit der Zeitung beschäftigt zu sich nehmen möchte, sollte die beiden Hauptplätze der Stadt unbedingt meiden, auf Piazza Brà 1 und Piazza delle Erbe 8 pulsiert das Leben tagaus, tagein. Besser eignet sich dafür die Gegend um die **Piazza Duomo** [J5], da sie etwas abseits der Hauptbewegungsrichtungen liegt, und dort besonders die Außentische des White Monkey (s. S. 72) am früheren Morgen, alternativ hinter der Biblioteca Civica das Caffè Coloniale (s. S. 70). Gemächlicher geht es auch in einer der Bars rund um die Basilica di San Zeno 26 zu. Seine **deutsche Zeitung** fürs Muffelfrühstück besorgt man sich am besten bei einem der Kioske nahe der Touristeninformation (s. S. 106) an der Piazza Brà oder in der Via Mazzini 6.

Wer Entspannung benötigt, hat die Wahl. Definitiv Ruhe findet man auf einer der wenigen Bänke des wahrlich großartig konzipierten Friedhofes Cimitero Monumentale [L8] südlich von Veronetta und natürlich in Veronetta in der Oase des Giardino Giusti 35 inmitten der himmelhohen Zypressen. Wer sich nicht davor scheut, Treppen zu steigen, und **weite Aussichten** auf Stadt und Land liebt, wählt für ein Nickerchen die breiten Balustraden rund um das Castel San Pietro 31 oberhalb des Römischen Theaters 30. Besonders viel **Atmosphäre** lässt sich in dem **kleinen Park am Ufer der Etsch** gegenüber dem Römischen Theater 30 und südlich des Ponte Pietra 16 tanken. Eigentlich ist es eher ein Grünstreifen unter Bäumen, aber der Blick auf die geschichtsträchtigen Bauten am anderen Ufer lockt immer wieder den einen oder anderen für eine Mußestunde an.

204ve Abb.: sk

Zur richtigen Zeit am richtigen Ort

Im Juli und im August platzt die Stadt aus allen Nähten, denn dann kommen aus aller Welt die Opernfreunde, um wenigstens an einem Abend eine der berühmten Aufführungen im Rahmen der Festspiele in der Arena zu sehen. Gemächlicher geht es im Dezember zu, wenn die Stadt sich auf das Christfest vorbereitet und im vollen Glanz der weihnachtlichen Illumination steht.

Der Giardino Giusti 35 *ist eine Oase des Friedens*

Februar/März

- Am Freitag vor Fastnacht gibt es einen großen traditionellen Umzug mit geschmückten Wagen und unzähligen Masken auch von Personen aus der Geschichte der Stadt: Der *Venerdi gnoccolar* jährte sich im Jahr 2024 zum 494. Mal und ist damit der **älteste Karneval Italiens** (www.carnevaleveronese.org).
- **Verona in Love** überzieht Mitte Februar rund um den Valentinstag die Plätze der Stadt mit einem bunt gemischten Trubel aus Märkten, Straßentheatern und Konzerten – alles unter dem Banner *Giulia e Romeo* (https://lovinverona.com).

März/April

- Die **Weinmesse** *Vinitaly* Ende März/Anfang April ist die größte des Landes und arbeitet kräftig daran, auch international an der Spitze zu stehen (www.vinitaly.com).

Mai

- Zum **Weißweinfest** *(Festa medioevale del Vino Bianco)* muss man am dritten Wochenende des Monats die Stadt verlassen und ins 30 km entfernte Soave fahren. Dort sieht man mittelalterliche Burgspiele und nimmt an Banketten wie in alter Zeit teil (www.consorziove ronaest.it).

Juni/Juli/August

- Mitte Juni beginnen die **Opernfestspiele** (www.arena.it) in der Arena di Verona 2 *(Festival Areniano)* und der Veroneser **Theatersommer** *(Estate teatrale veronese)* im Römischen Theater 30 mit Theateraufführungen, Ballett und Jazzkonzerten (www.estateteatraleveronese.it).

- Am letzten Juliwochenende findet das **Festival Latino Americano** mit ebensolcher Musik statt (www.ascoltalamusica.it).
- Von Juni bis August gibt es unter dem Titel **Teatro nei Cortili** („Theater in den Höfen") über 200 Aufführungen von über 25 Theaterkompanien (im Arsenale 25, im Kreuzgang von Santa Maria in Organo 34 und im Hof von Sant'Eufemia).

September

- Am letzten Wochenende des Monats treffen sich alljährlich **Straßenspieler** aus aller Welt und führen beim *Tocatì* alte, fast vergessene Straßenspiele in der Veroneser Altstadt vor (https://tocati.it).
- Am Monatsende steht das Messegelände ganz im Zeichen der Steine. Die Industriemesse *Marmomacc* (www.marmomacc.com) zeigt alles, was es rund um Marmor und Granit und zu deren Abbau gibt.

Offizielle Feiertage

- *Capodanno:* Neujahrstag
- *Epifania:* Dreikönigstag (6. Jan.)
- *Lunedi dell'Angelo:* Ostermontag
- *Festa della Liberazione:* Tag der Befreiung vom Faschismus (25. April)
- *Festa dei Lavoratori:* Tag der Arbeit (1. Mai)
- *Festa della Repubblica:* Tag der Republik (2. Juni)
- *Assunzione di Maria Vergine/ Ferragosto:* Mariä Himmelfahrt (15. Aug.)
- *Ognissanti:* Allerheiligen (1. Nov.)
- *Immacolata:* Mariä Empfängnis (8. Dez.)
- *Natale:* 1. Weihnachtstag (25. Dez.)
- *San Stefano:* 2. Weihnachtstag (26. Dez.)

Oktober

- Mitte des Monats treffen sich Künstler und Interessierte in Verona unter dem Titel **Art Verona** zur **Messe der modernen und zeitgenössischen Kunst** (www.artverona.it).
- Ende Oktober darf das Publikum die **Internationale Pferdemesse** auf dem Messegelände besuchen (https://fieracavalli.it).

November

- Mitte des Monats kommen bis zu 10.000 Läufer zum **Verona Run Marathon** bzw. Halbmarathon (www.veronarunmarathon.it).

Dezember

- Vom 10. bis 13.12. gehen die Veroneser auf den **Weihnachtsmarkt** *Mercatini di Santa Lucia* auf der Piazza Brà 1. Weitere Weihnachtsmärkte verteilen sich über die ganze Stadt, wie im Arsenale 25 (ab Anfang Dez.), auf der Via Roma ([I7], ab Mitte Dez.), rund um die Piazza dei Signori 10 (ab Mitte Dez.) oder auf der Piazza Isolo (ab Mitte Dez.). Im Dezember und Januar zeigt die Rassegna Internazionale di Presepi in der Sala Birolli, Via Macello 7, über 400 Weihnachtskrippen aus aller Welt (www.presepiverona.it).

Blick vom Castelvecchio 23 auf die Etsch

VERONA VERSTEHEN

003ve Abb.: sk

Verona – ein Porträt

Wie hingegossen liegt die Stadt am Ende der Alpen, wo die Berge sanft in Hügeln auslaufen. Wer hierher kommt, wärmt sich im dolce vita des Südens zwischen dem Marmor der Palazzi und der römischen Bauten, nimmt teil am Alltag in den Gassen und genießt die Weltoffenheit der Bewohner, die sich an Besucher aus aller Welt bestens gewöhnt haben – seit Jahrtausenden!

Die **Etsch** entspringt in 1550 m Höhe nahe dem Reschenpass, entwässert ein Einzugsgebiet von 11.953 km² und ergießt sich nach 409 km südlich von Chioggia in die Adria. Bei Verona verlässt der Fluss auf etwa 68 m Seehöhe die Alpenwelt. Das kühle Wasser rahmt die Altstadt von drei Seiten ein, zieht sich in Schlingen weiter durch die Neubauviertel und nimmt Kurs Richtung Poebene. Die **Ausläufer der Berge** am östlichen Ufer der Etsch erlauben herrliche Ausblicke auf die weiten Ebenen und sanften Anhöhen im Süden.

Und im Vordergrund stehen immer die Dächer und Türme der Stadt und natürlich die Arena 2 aus altrömischer Zeit – Angelpunkt des **kulturellen Lebens** nicht nur Veronas. Jeden Sommer schmettern hier die Tenöre in das weite Rund, brillieren die Sopranistinnen mit dem dreigestrichenen C und locken die Freunde des gehobenen Singspieles aus aller Welt an. Verdi und Puccini, Rossini, Bizet und Gounod sorgen dafür, dass der kulturelle Hunger gestillt wird, zahllose Restaurants, Bars und Cafés dafür, dass das leibliche Wohl ebenfalls nicht zu kurz kommt.

Und unter leeren Stühlen leidet keiner. Der **Tourismus** trägt nicht unbeträchtlich zum Wirtschaftsleben der Stadt bei. Die Hauptsehenswürdigkeiten befinden sich fast alle im Bereich der ehemaligen römischen Stadt und in den Vierteln, die im Westen und Süden von den mittelalterlichen Verteidigungswerken und dem Industriekanal Canale Camuzzoni, im Norden und Osten von den zwei Halbbögen der Etsch begrenzt werden.

Nur **Veronetta**, das östlich der Etsch sich an den Hängen hochziehende Viertel, liegt außerhalb und gehörte – als die Stadt zu Beginn des 19. Jahrhunderts zweigeteilt war – zu Österreich. Das Viertel wird etwas despektierlich „das kleine Verona" genannt und heute befindet sich hier u. a. die Universität.

Etwa 29.000 **Studierende** leben in der Stadt mit ihren knapp 260.000 **Einwohnern** und der Umgebung. Natürlich wirkt sich das auch auf das Stadtbild aus: Die jungen Leute bevölkern zahllos und in Scharen die Straßen und Plätze und hauchen ihnen ein tendenziell chaotisches, aber durchaus liebenswertes Leben ein. Aus fast allen Ländern der Welt kommen die Gaststudenten, um ein Auslandsjahr an ihrer Fakultät zu verbringen, aber auch um Italienisch zu erlernen. **Zahlreiche Sprachschulen** können sich nicht über mangelnde Nachfrage beklagen, denn wer möchte nicht unter südlicher Sonne mit nördlicher Disziplin belehrt werden?

Wie jede Stadt mit zahlreichen historischen Gebäuden hat die Kommu-

Es ist lange her, dass die Römer in der Stadt regierten

ne ein großes Problem. Viele Privatleute und die Kommune selbst haben nicht die ausreichenden Mittel, die für eine großflächige Sanierung nötig wären. So kann **nur nach und nach und lediglich punktuell renoviert** werden – und teilweise werden nur erhaltende Maßnahmen durchgeführt. Eine großflächige Modernisierung nach heutigen Standards ist häufig nicht möglich. Die Schaffung von modernem Wohnraum im Stadtzentrum (wenn die Investoren nicht gleich lukrativere Büros bauen) hat zudem die Konsequenz, dass die **Mieten steigen** und sozial Schwächere in Wohnsiedlungen am Stadtrand ausweichen müssen. Um dem entgegenzusteuern, werden vereinzelt wie in Veronetta bei der Chiesa San Giovanni in Valle historische Gebäudekomplexe unter Auflagen saniert und dem Sozialamt zur Verfügung gestellt.

022ve Abb.: sk

Verona ist der Norden

Rom ist weit entfernt, 500 km ungefähr – und das nicht nur in geografischer Hinsicht. Schon seit Menschengedenken hat man sich in Verona **als etwas Eigenständiges erfahren,** immerhin hat man sich bereits im 12. Jahrhundert die Selbstständigkeit erstritten, auch wenn diese damals nicht allzu lange andauerte. Vielleicht mögen die Veroneser wegen ihrer einstigen Unabhängigkeit als ein wenig querköpfig gelten, doch richtet sich diese **Aufmüpfigkeit** hauptsächlich **gegen den italienischen Zentralstaat.** Und so schimpft man auf die Politiker in Rom, die den Norden aussaugen würden, um das schwer verdiente Geld in den mittellosen Süden zu pumpen und die armen und ungeliebten Verwandten des Mezzogiorno zu alimentieren.

Vielleicht auch deshalb zählt das Veneto traditionell zu den Regionen, in denen rechte Populisten leichtes Spiel haben. Verona konnte sich lange gegen die Rechtspopulisten stemmen, doch 2017 gewann eine Koalition des rechten Lagers und stellte den Bürgermeister Federico Sboarina. 2022 löste ihn jedoch der von einem Mitte-Links-Bündnis unterstützte, parteilose ehemalige Fußballer Damiano Tommasi ab.

Diskutiert wird die Politik ganz öffentlich auf den Plätzen der Stadt, eindringlich leise, ausladend gestikulierend und laut. Ob die Veroneser es wirklich ernst meinen? Nein und ja – nur eines ist klar, die **Familie ist das Wichtigste** und dann kommen gleich die Freunde und dann lange nichts mehr. Rom? Weit weg!

Namensgebung Veronas

Verschiedene Hypothesen gibt es bezüglich des Ursprungs des Namens „Verona“, von denen zwei besonders beliebt sind. Eine Legende besagt, dass die Stadt Verona ihren Namen einem **Fluch des Gallierhäuptlings** Brenno verdankt, den er oft gegen seine römischen Feinde aussprach: „Vae Roma!“, also „Verdammtes Rom!“.

Die wahrscheinlichere Theorie führt den Namen Verona auf eine **Zusammenstellung verschiedener Ausdrücke** unterschiedlichen Ursprungs zurück. „VE“ (etruskisches Wort, das die venetischen Völker bezeichnet), „RO“ (von dem griechischen Verb „reo“, fließen, also den Fluss Etsch bezeichnend) und „NA“ (etruskische Silbenwurzel, die eine bewohnte Siedlung bezeichnet). Gemäß dieser Theorie bedeutet der Name Verona wörtlich „venetische Stadt am Fluss“.

075ve Abb.: sk

Stadt am Fluss, auf Etruskisch und Griechisch „Ve – ro – na“ genannt

Verona ist der Süden

Blanker Himmel, Straßencafés, Abendessen in den Gassen bei milder Wärme, Pantomimen in historischen Kostümen, Studierende als römische Soldaten gewandet, Espresso an der Theke im Stehen – so sehr man sich als Norditaliener fühlt, so sehr liebt man den **Lebensstil des Südens.** Auch in Verona ist die Siesta heilig, schließen die Geschäfte zu Mittag und öffnen erst wieder gegen Abend.

Man liebt die Eisdielen ebenso wie die großen Terrassen der Lokale und den Corso, auf dem man am liebsten – wenn die Sonne untergegangen ist und die Temperaturen ertäglich geworden sind – mit der gesamten Familie und Freunden auf und ab flaniert.

Und die **Zuwanderer** aus Afrika und Osteuropa? Natürlich wird über jene Personen lamentiert, die an jeder Ecke stehen und als fliegende Händler dies und das anbieten: Uhren, Spielzeug, Sonnenbrillen, Schals, Taschen, Feuerzeuge. Praktisch ist diese Form des Straßenverkaufs aber schon: Mag die Rolex zwar nicht echt sein, so macht sie trotzdem was her – und der Preis spottet allem. Und kommt die Gewerbeaufsicht und will Papiere sehen, liegt die Sympathie der Umstehenden allemal bei dem Bedrängten. Denn darin ist man sich einig: Der Staat soll sich kümmern, doch wenn man selbst zu dessen Zielscheibe wird, hört der Spaß auf. Also heißt die Devise: leben und leben lassen.

Von den Anfängen bis zur Gegenwart

Die Geschichte Veronas ist so wechselhaft wie die Gesamtitaliens. Einflüsse und Bauten der Römer, der norditalienischen Stadtstaaten, der Venezianer, Franzosen, Österreicher und des Königreichs Italien haben ihren Niederschlag gefunden, wurden zu steinernen Zeugen der Zeit und formten die Geisteshaltung der Veroneser als Mittler zwischen Alpen und Adria.

Altertum

2. Jt. v. Chr. In vorrömischer Zeit siedelten in der Gegend des heutigen Verona die Euganeer, die, so der römische Geschichtsschreiber Livius (59 v. Chr.–17 n. Chr.), im 2. Jt. v. Chr. von Venetern und Trojanern aus ihren angestammten Gebieten an der Adria vertrieben und in die Gegend des heutigen Verona gedrängt wurden. Die Herkunft der Veneter wiederum ist unklar – teils wird ihre Volksbildung als Ergebnis einer Wanderbewegung aus Kleinasien in Folge der Zerstörung Trojas gesehen. Die Euganeer (die als Namensgeber der „Euganeischen Hügel" bei Padua in der Geografie weiterleben) mussten noch einmal im 6. Jh. v. Chr. weichen, vor den Cenomanen, die aus Gallien kommend das Voralpenland überrannten.

1. Jh. v. Chr. Der Veneto wird von den Römern kolonisiert und mit Siedlungen überzogen. Die Stadtgründung der *Colonia Augusta Verona* findet im 1. Jh. v. Chr. statt, im Jahr 89 v. Chr. erhalten die freien Bürger in ganz Venetien das römische Bürgerrecht – Venetien wird zur zehnten römischen Region: *Venetia et Histriae.*

In Verona kreuzen sich drei das römische Weltreich verbindende Straßen: Die **Via Claudia Augusta** von Norden über die Alpen kommend und über Verona bis zum Po führend, die **Via Gallica** über Brescia und Bergamo nach Milano und die *Via Postumia* von Genova nach Aquilea, als Handels- und Heerweg zwischen Mittelmeer und Adria die vielleicht bedeutendste der drei genannten Straßen.

Dass auch das Geistige nicht zu kurz kam, dafür sorgten nun schon die reichen Bürger und Landbesitzer. Der veronesischen Dichtkunst wurde bis an die Grenzen Roms gehuldigt und die Veroneser waren stolz auf ihren im ganzen Reich bekannten Dichter und Sohn der Stadt Gaius Valerius Catull.

1. Jh. n. Chr. Die Arena (2) wird gebaut. Ab etwa 50 n. Chr. können 30.000 römische Bürger regelmäßig das gegenseitige Zerhacken der Gladiatoren und die Menschenjagd der Wildkatzen als gemeinschaftsförderndes Ereignis erleben.

3. Jh. n. Chr. Die Bedeutung der Stadt Verona zeigt sich auch an den Schlachten, die in der Umgebung der Stadt geschlagen wurden. 249 sieht sich der römische Kaiser Philippus Arabs genötigt, gegen den unbotmäßigen Decius vorzugehen, der ihm die Kaiserwürde abspenstig zu machen sucht. Decius siegt in einem blutigen Kampf und ersetzt Philippus – allerdings nur für zwei Jahre, dann stirbt er völlig unüblich für einen Herrscher dieser Zeit eines natürlichen Todes.

268 tritt Claudius II. am Gardasee gegen die Gallien und Venetien verwüstenden Alamannen unter

074ve Abb.: sk

König Chrocus an. 35.000 Römern stehen 100.000 Nordländer gegenüber, am Ende der Schlacht sollen 50.000 Alamannen die Flucht angetreten haben, der Rest sei tot oder versklavt – so kolportierten zumindest die römischen Lobpreiser – und Claudius erhält den Ehrennamen „Germanius Maximus".

Attila und die Ostgoten

452 Attila (auch als „Etzel" bekannt), die sogenannte „Geißel Gottes", zieht durch Norditalien, um Westrom seine Macht zu demonstrieren. Aquilea wird vollständig zerstört, die Städte des zentralen Veneto inklusive Verona erobert. Dass er bei und mit seinen Eroberungen nicht zimperlich war, ist sprichwörtlich geworden. Immerhin aber werden die Menschen des Festlandes zum ersten Male gezwungen, in die Sicherheit der Inselwelt der Lagune Venedigs zu flüchten – der erste Schritt zur Weltmacht Venedig.

Glücklicherweise verliebt sich Attila schon ein Jahr später in ein gotisches Weib namens Ildikó. Diese scheint in Besitz ungeahnter Fähigkeiten – Attila überlebt die Hochzeitsnacht nicht.

489 Bei Verona kommt es zur Schlacht zwischen dem König der Ostgoten, Theoderich, und dem römischen Heerführer Odoaker, der aus dem Dunstkreis von Attilas Hunnen stammte, die zu dieser Zeit einen beträchtlichen Anteil der Militärmacht Westroms stellten.

493 Nach Kampf und Belagerung über mehrere Jahre hinweg verständigt sich der römische Kaiser am 27. Februar 493 mit Theoderich. Es solle nun Frieden im Lande herrschen – denkt Odoaker! Während dieser in Ravenna seinen Hof behält, wählt Theoderich Verona als Residenz, verlässt diese aber schon nach wenigen Tagen, reitet hinüber nach Ravenna und befördert Odoaker ganz persönlich und mit eigener Hand vom Leben zum Tode – private Händel, wie er danach erklärt, die nichts mit der Sache an sich zu tun hätten.

Die Langobarden

568 Ein Dreivierteljahrhundert später treten die Langobarden in Norditalien auf. Das Volk siedelte im Drauraum in der Gegend des heutigen Kärnten als Vasallen Ostroms. Dessen Herrscher Narses bittet der weströmische Kaiser Justinian, ihm gegen die Ostgoten zu Hilfe zu kommen. Narses bittet die Langobarden unter König Alboin um Hilfe. Diese marschieren 568 nicht nur mit Truppen in Norditalien ein, sondern nehmen auch gleich Frau,

Über den Ponte Pietra (16) wandelten bereits die Alten

Kind und Kegel mit – der letzte Zug der spätantiken Völkerwanderung mit weit über 150.000 Menschen (darunter Schwaben und 20.000 Sachsen). Die Rückeroberung Norditaliens von den Ostgoten beginnt.

569 Die Ostgoten in Verona ergeben sich, Alboin bezieht hier Quartier. Nach und nach fallen die anderen Städte Nord- und Mittelitaliens wie Dominosteine in die Hände der Langobarden, bis 572 Pavia erobert ist, wo der Langobardenkönig endgültig sesshaft wird. Alboin wird kurz darauf Opfer einer Intrige (siehe unten, „Ehegeschichten bei den Langobarden“).

Mit der langobardischen Machtübernahme geht die Auflösung des Großgrundbesitzes und der Kampf gegen die Kirche einher, die nicht nur den meisten Grund besaß, sondern auch Hort des byzantinisch-zentralistischen Staatsgedankens ist. Die römischen Besitzverhältnisse ersetzt nun eine feudalistische Struktur.

Die langobardische Feudalstruktur hat Alboin überlebt, wenn es

Ehegeschichten bei den Langobarden

Alboins Fehler war sein boshafter Umgang mit seiner Frau Rosamunde. Deren Hass beförderte der Langobarde ein letztes Mal, als er sie zwang, einen Trunk aus dem Schädel ihres Vaters zu nehmen. Dass er ihn vor Jahren selbst – wenn auch im ehrlichen Kampfe – getötet hatte, spielte wohl keine große Rolle mehr. Rosamunde war so oder so schlecht auf ihren Gatten zu sprechen und wandte ihr offenes Ohr Richtung Byzanz, dem der Langobardenkönig ein Dorn im Auge war. Gemeinsam stiftete man Alboins Schildträger namens Helmichis zum Mord an.

Da Helmichis aber auch der Milchbruder des Alboin war, widerstrebte dem Schildträger diese Idee und Rosamunde musste ihn erpressen. Helmichis wohnte regelmäßig Rosamundes Kammerzofe bei. Sie tauschte mit dieser einfach in einer Nacht den Platz, denn verbotene Früchte schmeckten ihr süß. Hierüber klärte sie nun ihren einmaligen Liebhaber auf und stellte ihn vor die Wahl: Tod durch die Hand des Königs, weil Helmichis mit der Königin geschlafen habe, oder Tod für den König durch Helmichis Hand inklusive Heirat mit ihr und der Königswürde.

Alboin fand daraufhin den Tod und die beiden Meuchler heirateten – hatten sich aber dummerweise nicht der Treue der Truppe versichert, die sich auf die Jagd nach ihnen begab. Sie mussten los und gerieten auf einer abenteuerlichen Flucht mit einem Schifflein die Etsch hinunter in die Fänge des oströmischen Präfekten in Ravenna. Der war sogleich in Leidenschaft zu Rosamunde entbrannt, hatte allerdings wenig Verwendung für Helmichis. Und was geschieht mit nutzlosen Ehemännern, vornehmlich wenn sie zudem noch Königsmörder sind? Man schickt sie baden und reicht ihnen ein Getränk. Helmichis schlürfte arglos den Becher, doch als er das Gift zu wirken spürte, zwang er Rosamunde, sich den Rest des tödlichen Getränks zu gönnen. Beide starben.

Die Geschichte inspirierte zahlreiche Künstler, u. a. Peter Paul Rubens, dessen Werkstatt „Alboin und Rosamunde“ in Öl verewigte.

den Langobarden auch nicht gelingt, die Küstenstädte unter ihre Herrschaft zu bringen – diese stehen weiter unter oströmischer Gewalt. Zur Durchsetzung der Rechte Ostroms in den Küstengebieten ernennt Ostrom im heutigen Oderzo einen *Magister militum,* auch *Dux* genannt. Die vom *Dux* – dem späteren Dogen – regierten Küstengebiete lösen sich im 8. Jh. endgültig von Byzanz ab und treten seitdem als neue, eigenständige Kraft auf. Der zweite Schritt hin zur Weltmacht Venedig ist damit getan.

Mittelalter

Die Zeit der Karolinger

774 Im Jahr 774 löst das Geschlecht der Karolinger unter dem Frankenkönig Karl dem Großen die Herrschaft der Langobarden ab. Ein Jahr zuvor hat eine päpstliche Abordnung Karl um Hilfe gegen die Langobarden gebeten – und dieser sieht nicht unberechtigt einen neuen Wirkungskreis für sich und seine Nachkommen. Im Sommer 774 sind die Langobarden unter ihrem König Desiderius besiegt.

800 Karl lässt sich nach dem Fall der letzten langobardischen Bastion, Pavia, zum König der Langobarden küren, holt fränkische, burgundische und alemannische Adlige in Schlüsselstellungen, sichert so seine Macht und ist nun *Rex Francorum et Langobardorum* (König der Franken und Langobarden). Im selben Jahr wird Karl von Papst Leo III. höchstselbst zum Römischen Kaiser gekrönt.

806 Noch vor seinem Tod 814 wird sein Reich im Jahr 806 unter den Söhnen aufgeteilt. Pippin wurde 781 schon als Vierjähriger zum König von Italien erklärt, nun wird dies bestätigt und Bayern kommt hinzu. Als Residenzstadt wählt Pippin Verona. 812 folgt ihm sein Sohn Bernhard auf den Thron nach.

10. Jh. n. Chr. Trotz Streit, verschiedener Händel und Teilungen des Reichs in einen ostfränkischen und einen westfränkischen Teil, Vereinigungen derselben sowie erneuter Trennung schaffen es die Karolinger, bis zum Ende des 1. Jahrtausends in unterschiedlichen Kons-

Berengar und der Blinde

Ludwig der Blinde hatte seinen Namen nicht von Geburt an. Er wurde im Jahr 901 König von Italien und ersetzte Berengar von Friaul, der 900 eine Schlacht gegen die an der Brenta auftauchenden Ungarn verlor, weswegen man ihm Unfähigkeit nachsagte. Der Ärger saß bei Berengar tief und vier Jahre später gelang es ihm, Ludwig in die Hände zu bekommen und nach Verona bringen zu lassen. Als Form der minderschweren, dennoch effektiven Rache wurde das Blenden gewählt.

Berengar wurde erneut zum König ernannt, 915 auch zum Kaiser, was er beides bis 924 blieb. Seine letzten Regierungsjahre waren von Erfolglosigkeit geprägt. Ständig musste sich Berengar mit Aufständen beschäftigen, die die Städte Ivrea und Milano gegen ihn anzettelten. Schließlich wandten sich auch seine Getreuen von ihm ab und am 7. April 924 stieß man ihm in Verona einen Dolch in den Rücken.

tellationen in Norditalien an der Macht zu bleiben. Karl der Kahle, Karl der Dicke und Ludwig der Blinde (siehe Exkurs links, „Berengar und der Blinde") heißen die Könige Italiens und Kaiser des Heiligen Römischen Reichs.

Freie Städte und Staufer

1107 Verona erstreitet sich die Selbstverwaltung, von Bürgern gewählte Vertreter sind in den Schriften ab 1136 festgehalten.

1164 Die Städte Verona, Padua, Vicenza und Venedig bilden die **Liga von Verona** (auch Veroneser Bund). Sie steht in Widerspruch zum amtierenden Kaiser des Heiligen Römischen Reichs, dem Staufer Friedrich I. Barbarossa, der die städtische Autonomie und die Position des *Podestà* – des von den Bürgern bestimmten Stadtoberhauptes – nicht anerkennen, vielmehr eigene Bevollmächtigte einsetzen will und dies mit Waffengewalt durchzusetzen bereit ist. So lässt er Mailand mehrfach stürmen und niederbrennen.

1167 Aus dem Veroneser Bund nach Anschluss zahlreicher weiterer Städte entsteht der **Lombardische Bund,** mit dem Barbarossa ein ernst zu nehmender Gegner und Verhandlungspartner erwächst. Die Städte des Bundes verständigen sich über eine Versammlung, räumen interne Streitereien aus und treten nach außen geschlossen auf. Damit kann das Prinzip des „teile und herrsche", des Ausspielens einzelner Städte gegeneinander, nicht mehr funktionieren.

29. Mai 1176 Es kommt schließlich zur Schlacht von Legnano bei Mailand. Das Heer des Lombardischen Bundes schlägt die Soldaten von Barbarossa und erkämpft sich so endgültig seine innere Autonomie.

1183 Mit dem Frieden von Konstanz wird die Autonomie der Städte besiegelt, im Gegenzug erkennen die norditalienischen Kommunen den Kaiser formal als oberste Institution an. Barbarossa kommt 1190 auf einem Kreuzzug um, sein Nachfolger wird sein Sohn Heinrich VI.

Doch erst Friedrich II. – dem Enkel, ab 1220 Kaiser – gelingt es, die Macht der Staufer gegenüber dem Lombardischen Bund wieder zu festigen. Die norditalienischen Kommunen haben zu Beginn seiner Regierungszeit immer wieder auf die Politik Einfluss genommen und schreckten auch nicht davor zurück, die Straßen zu sperren, um die Reichsfürsten im Süden nicht auf den Kaiser treffen zu lassen. Genug war schließlich genug.

1236 Friedrich II. erklärt dem Lombardischen Bund den Krieg. Ende 1237 kommt es zur entscheidenden Schlacht bei Cortenuova, bei der Verona unter ihrem *Podestà* Ezzelino III. bereits auf der „falschen", der kaiserlichen Seite kämpft. Der Lombardische Bund wird vernichtend geschlagen und hat keine politisch unabhängige Bedeutung mehr – erfuhr aber in der Neuzeit mit der Lega Nord (s. S. 98) eine Wiederbelebung.

1250 Mit dem Tod Friedrichs II. – *stupor mundi,* wegen seiner Bildung und Fähigkeiten das „Erstaunen der Welt" genannt – endet die Glanzzeit der Staufer.

Ezzelini und Skaliger

13. Jh. n. Chr. Die Macht der Städte führt schließlich auch zu ihrem Untergang. Mit ihrem wirtschaftlichen Erstarken können sie ihren Einfluss auf die ländlichen Gebiete ausweiten und geraten so in Konflikt mit dem Landadel, der seine Pfründe gefährdet sieht.

Um dem entgegenzusteuern, nimmt sich die Familie der Ezzelini da Romano Kaiser Friedrich II. zum Verbündeten und kann sich in der Lombardischen Liga und mit Ezzelino III. ab 1227 nach und nach etablieren. Dieser wurde 1236 (just zur Kriegserklärung durch Friedrich II.) *Podestà* – Stadtoberhaupt – von Verona und dehnte seinen faktischen Lehnsbesitz bis 1259 auf die umliegenden Städte Vicenza, Padua, Feltre, Belluno und Treviso aus. Dem förderlich war sicher seine Heirat mit einer unehelichen, dennoch geliebten Tochter Friedrichs II. – La Signorina Selvaggia. Ihr Gatte war ein brutaler Alleinherrscher und beim Volk so verhasst, dass es ihn mit dem Teufel gleichsetzte – da er sich aber nie als Herrscher der Stadt, sondern eben nur als *Podestà* bezeichnen ließ, war formal den demokratischen Verordnungen des Stadtbundes Genüge getan.

Ezzelino III. garantiert dem Kaiser freie Wege, wobei insbesondere die Strecke über den Brenner und Verona in den Süden von strategischer Bedeutung ist. Denjenigen, die er als politisch nicht bedeutsam einstuft, garantiert er Freiheit und Sicherheit und so erblüht das wirtschaftliche Leben in Verona. Wen er allerdings als Gegner und Gefahr für seine Ziele bewertet – davon sind insbesondere Gegner Friedrichs II. betroffen –, der hat keine Freude mehr am Leben und auch nicht am Tode – die Technik seiner Folterknechte ist mit „ausgefeilt“ höflich umschrieben.

KURZ & KNAPP

Erinnerungen an Ezzelino

Die Weltliteratur hat Ezzelino verschiedentlich zum Thema gemacht, darunter in Bearbeitungen von Joseph von Eichendorff („Ezelin von Romano“) und Conrad Ferdinand Meyer („Die Hochzeit des Mönchs“).

1259 Ezzelino stirbt am 1. Oktober 1259 an den Folgen einer Verwundung, die ihm in einer Schlacht beigebracht wird. An seine Stelle tritt in Verona nun für über ein Jahrhundert die Familie der Scala – die Skaliger.

14. Jh. n. Chr. Der erste, der sich zum *Signore* Veronas, d. h. zum Herrscher über die Stadt, erklären lässt, ist Leonardino della Scala, „Mastino“ genannt. Er begründet die insgesamt 125 Jahre währende Herrschaft von insgesamt zwölf Skaligern, indem es ihm gelingt, die *signoria* (Herrschaft über die Stadt) innerhalb seiner Familie erblich zu machen. Dass die Stadt nun eine Blütezeit erlebt, liegt an der geschickten Politik der Skaliger und der damit einhergehenden Unterstützung, die die Skaliger vom Volk bzw. der vermögenden Bürgerschaft und dem Adel erfahren. Mastino folgt Alberto nach, 1301 gelingt Bartolomeo Alboino (unter dessen Herrschaft sich 1302 die traurige Geschichte von Romeo und Julia zugetragen haben soll und Dante nach seiner Flucht aus Florenz sein erstes Asyl fand) und danach Can Francesco an die Macht.

1308 Cangrande I. wird Signore Veronas. In seine Regierungszeit fällt der Machtzenit der Skaliger, die nun fast ganz Venetien beherrschen. An den Veroneser Hof kommt nunmehr die intellektuelle und künstlerische Elite der Zeit, angelockt vom großzügigen Mäzenatentum, so auch Dante Alighieri (zwischen 1316 und 1320, s. Exkurs „Reise durch Hölle, Fegefeuer und Paradies" rechts).

Ab 1329 werden zwar noch einige Geländegewinne gemacht und der Machtbereich auf die Städte Parma, Lucca und Brescia ausgedehnt, aber schon Cangrande II. ist verhasst wie einst Ezzelino III. In seine Regierungszeit fällt deswegen folgerichtig der Bau des Castelvecchio 23, mehr Zwingburg gegen seine eigene Stadt als Trutzburg gegen Angriffe von außen.

1387 Mit der Ermordung Cangrandes II. durch seinen Bruder Cansignorio 1359 ist das Ende der unter dem Strich für die Stadt dennoch glückhaften Regentschaft der Skaliger eingeläutet. Cansignorio treibt es noch toller und lässt sogar seinen zweiten Bruder zum Tode verurteilen, um seinen unehelichen Söhnen Bartolomeo und Antonio den Weg zur Macht zu ebnen. Der dritte Brudermord folgt und lässt Bartolomeo als Opfer zurück.

Antonio kann sich nicht vom Verdacht befreien und nun finden die Edlen der Stadt, dass es genug sei. Sie flüchten nach Mailand, stellen sich unter das Kommando der dort herrschenden Familie Visconti und ziehen als Führer deren Heeres vor

073ve Abb.: sk

Cangrande I., der „Große Hund", trägt einen Hund auf dem Rücken (Reiterstatue im Castelvecchio 23)

Reise durch Hölle, Fegefeuer und Paradies

Dante Alighieris berühmtes Werk trägt den Titel „Komödie", nach seinem Tod wurde daraus „Die göttliche Komödie" – die Beschreibung einer Reise in einhundert Gesängen durch die neun Kreise der Hölle über den Läuterungsberg (das Fegefeuer) zu den neun Himmelssphären des Paradieses.

Von Dante sind mehrere Briefe überliefert, teils volkssprachlich, teils auf Latein. Unter ihnen befindet sich der Brief, in dem er den letzten Teil der Komödie seinem großen Gönner und Förderer Cangrande I. von Verona widmet. Darin heißt es, dass Cangrandes wohlbekannter Großmut sich so offenkundig zeigen würde, dass selbst seine Feinde vor ihm nicht schweigen könnten.

die Tore Veronas. Die Bürger erklären Verona ohne Umstände zur offenen Stadt und lassen die Truppen herein. Die Skaligerherrschaft ist beendet, Antonio della Scala muss am 19. Oktober 1387 bei Nacht und Nebel in einem Boot die Etsch hinunter fliehen und stirbt bald darauf in Venedig.

1404 Mailands Visconti werden von der Familie Carrara aus Padua verdrängt – allerdings nur für drei Jahre. Dann übernimmt die Dogenrepublik Venedig die Macht in Padua und dabei wird es (bis auf ein kurzes Intermezzo) vier Jahrhunderte lang bleiben.

Neuzeit

Unter den Dogen Venedigs

1405 Am 23. Juni 1405 unterwirft sich Verona freiwillig der Herrschaft Venedigs – was nicht die schlechteste Wahl ist, denn Wirtschaft und kulturelles Leben blühen auf. Auch muss man nicht so viel von dem aufgeben, was man an Errungenschaften hatte. Das Stadtoberhaupt ersetzen zwar zwei vom Dogen bestimmte Rektoren, die Besitzverhältnisse aber bleiben unberührt, sonstige Verwaltungen unbehelligt. Zudem werden lästige Kriege nunmehr von Venedig bestritten, hat doch der Doge Michele Steno mit Brief und Siegel in der Goldenen Bulle niedergelegt, dass er künftig über Verona seine schützende Hand zu halten wisse.

1406 Praktisch das ganze Veneto gehört nun zur Lagunenstadt Venedig. Die Städte an den Kanälen im südlichen Teil und Verona als Bastion am Beginn der wichtigsten Alpenquerung sichern die Handelswege für die Waren, die übers Meer kommen, in Venedig umgeschlagen und nach Norden geschafft werden. Mit der Wollproduktion wird Verona nun immer reicher. Die Patrizier bauen sich ihre Paläste mit prächtigen Parkanlagen in die Stadt.

1509 Der Papst, der seinen Kirchenstaat durch die ausufernde Machtfülle der Dogenrepublik gefährdet sieht, verbündet sich zu Beginn des Jahres mit Spanien, Frankreich, Ungarn, England und dem Habsburger Kaiser Maximilian I. (1459–1519) zur „Liga von Cambrai" und marschiert gegen die Venezianer. Diese können anfangs noch Erfolge verzeichnen und erobern die habsburgischen Städte Görz, Triest und Fiume, doch am 14. Mai schlägt die Liga das Heer Venedigs bei Agnadello in die Flucht. Nach Belagerung von Padua und Treviso können die Städte von der Liga einge-

Auch in Verona ist der venezianische Löwe allgegenwärtig

Konjunkturritter

1505 war die Konjunktur so heiß gelaufen und Verona so den Ausschweifungen ergeben, dass die Serenissima meinte gegensteuern zu müssen. Sie erließ ein Gesetz gegen die übermäßige Zurschaustellung von Luxus. Aber die Veroneser waren schon immer einfallsreich, die Rektoren als langer Arm der Serenissima mussten schließlich in der Stadt leben und waren keine vertrockneten Asketen. Und so ging es lustig weiter, wenn der Wollhandel in die Krise geriet, verlegte man sich eben einfach auf die Seidenproduktion.

nommen und die Stadtbefestigungen geschliffen werden. Nun ist Venedig verhandlungsbereit. Gegen Gebietsabtritte auf dem Festland - darunter Verona - wird Frieden geschlossen. Doch schon 1510 löst sich die Liga auf und die Allianzen werden neu geordnet.

1511 Jetzt ist dem Papst Frankreich zu mächtig und er verbündet sich mit Venedig und anderen in der „Heiligen Liga", um die Franzosen aus Norditalien wieder zu vertreiben. Es geht in der folgenden Zeit hin und her, Venedig wechselt erneut die Seiten und tritt an die Seite Frankreichs.

1517 Venedig erhält durch Verhandlungen seinen Besitz auf dem norditalienischen Festland zurück. Verona kann sich daraufhin weitere drei Jahrhunderte aufs Wirtschaften konzentrieren. Doch die Situation ist fundamental anders geworden, denn Venedig ist von einer Weltmacht mit einem Kolonialreich zu einer Regionalmacht abgestiegen.

Napoleon

Zu Beginn des 18. Jahrhunderts ist der Niedergang der Republik Venedig endgültig eingeläutet. Zu mächtig sind die anderen Welthandelsnationen wie Portugal, Holland und England geworden. Der Import aus den Kolonien bringt diesen unermesslichen Reichtum, Venedigs Absatzmarkt ist aber in immer stärkerem Maße auf das Binnenland beschränkt.

1796 Napoleon Bonaparte marschiert an der Spitze seines 40.000 Mann starken Heeres anlässlich des Italienfeldzuges im Ersten Koalitionskrieg in Norditalien ein. Am 15. November beginnt die Schlacht bei Arcole etwa 30 km südöstlich von Verona, für die Napoleon 20.000 Mann aufstellt und die er durch Glück und Geschick trotz Unterzahl für sich entscheiden kann und damit die Österreicher zum Abzug zwingt. Auch am 17. Januar 1797 können die Franzosen die Schlacht von Rivoli am Gardasee für sich entscheiden, die habsburgische Streitmacht muss sich zurückziehen. Nun marschiert Napoleon auf Rom, das als Sammelbecken für französische Emigranten und Revolutionsgegner Paris ein Dorn im Auge ist, und besetzt den Kirchenstaat.

Geteilte Stadt

Im Jahr 1801 wird Verona im Zuge von Grenzberichtigungen zwischen Österreich und Frankreich zur zweigeteilten Stadt, die Etsch bildet nun die Grenze zur (französischen) cisalpinischen Republik, das österreichische Veronetta entsteht. Bevor die Franzosen abziehen, zerstören sie die Verteidigungsanlagen.

027ve Abb.: sk

1797 Der österreichische Kaiser des Heiligen Römischen Reichs Deutscher Nation, Franz II., muss am 17. Oktober dem Frieden von Campo Formio zustimmen. Damit erkennt er die von Frankreich geschaffene Cisalpinische Republik mit Mailand an, die die gesamte Lombardei umfasst, erhält aber im Gegenzug Venedig und dessen Kriegsflotte. Der Doge hat schon am 12. Mai abgedankt, Venetien wurde damit österreichisch.

1805 Österreich, Russland, England und Schweden verbünden sich gegen Napoleon. Wieder wird gekämpft und erneut gewinnt Bonaparte. Beim Pressburger Frieden am 26. Dezember 1805 muss Österreich Venetien wieder abgeben, das dem napoleonischen Königreich Italien zugeschlagen wird. Franz II. verliert seine Würde als Kaiser des Heiligen Römischen Reichs, das damit sein Ende gefunden hat.

Habsburger Zwischenspiel

1814 Immerhin zehn Jahre dauert es, bis der Wiener Kongress die nachnapoleonische Ära Europas neu ordnet. Zwischen dem 18. September 1814 und dem 9. Juni 1815 wird eifrig getanzt und verhandelt. Als Ergebnis fällt u.a. Venetien erneut an die Habsburger. Auch die Lombardei und die Toskana sowie Parma werden habsburgischer Kontrolle unterstellt.

Die Donaumonarchie geht stärker denn je aus der Neuordnung Europas hervor und ihr Einfluss auf Norditalien bleibt bis 1866 erhalten. Mit Befestigungen in den Städten (s. Exkurs „Festungsviereck“ rechts) versuchen die Österreicher, sich gegen neue Angriffe zu wappnen.

Königreich Italien

19. Jh. n. Chr. Italiens Norden ist seit dem Niedergang der Stadtstaaten bis Mitte des 19. Jahrhunderts

Festungsviereck

Festungsstädte sollten Österreichs Herrschaft in Norditalien sichern. Das zentrale Fort war Verona, ergänzt wurde es zum Festungsviereck mit Peschiera, Mantova und Legnago, begrenzt von den Flüssen Etsch im Osten und Mincio im Westen – ein Viereck mit Seitenlängen zwischen 25 und 50 km. Der Bau der starken Bollwerke in Verona wurde um das Jahr 1830 begonnen, in zwei weiteren Bauphasen wurden diese bis 1866 erweitert und auf den neuesten Stand der Technik gebracht.

Während des ersten italienischen Befreiungskrieges 1848 konnte der österreichische Feldherr Radetzky die Festung Peschiera als Sammelpunkt nutzen und von dort losmarschieren, um das besetzte Mailand zu entsetzen. Zehn Jahre später war Radetzky nicht so glücklich und Mailand ging endgültig verloren, doch die Städte des Festungsvierecks und Venedig blieben noch weitere sieben Jahre bei Österreich.

ein Spielball der Regierungen Mittel- und Westeuropas, doch gibt es durchgängig nationalstaatliche Bestrebungen. Aufstände tragen die Idee eines unteilbaren Königeichs in das Bewusstsein breiterer Bevölkerungsschichten. Nicht zuletzt Napoleon hat mit seinen Reformen und der Schaffung des Königreichs Italien bzw. des Königreichs Neapel dazu beigetragen, ein nationalstaatliches Bewusstsein zu befördern.

Verona war eine wehrhafte Stadt

Mit der Neuordnung Europas auf dem Wiener Kongress werden in Italien die napoleonischen Errungenschaften eines modernen Staatswesens teilweise wieder rückgängig gemacht, was in der ersten Hälfte immer wieder zu Protesten des Bürgertums und auch des Adels führt und in Revolten gipfelt, die das österreichische Militär brutal und blutig niederschlägt. Der Widerstand wird aber immer stärker und schließlich bricht 1848 offener Krieg aus. Mailand hat seine Unabhängigkeit von Österreich erklärt und in Venedig die Republik ausgerufen.

1848 Am 25. Juli entscheidet Feldmarschall Johann Wenzel Radetzky (1766–1858) die Schlacht von Custozza südwestlich von Verona für Österreich. Ein Jahr später kommt es zu einem weiteren Aufstand in der Toskana, wieder sprechen die Waffen.

1849 Am 23. März siegt erneut Feldmarschall Radetzky bei der Schlacht von Novara. Der erste italienische Befreiungskrieg ist zu Ende, die Habsburger Monarchie behält die formale Kontrolle über die Lombardei und Venetien, doch die *Risorgimento* („Wiedergeburt") genannte Bewegung ist weiterhin ungebrochen.

1859 Der zweite italienische Befreiungskrieg wird schließlich ein Erfolg und läutet den Rückzug Österreichs aus Italien ein. Die Schlacht von Solferino 10 km südlich des Gardasees am 24. Juni endet mit einem Desaster für Kaiser Franz Joseph, Österreich verliert die Lombardei und ein Jahr später, als Garibaldi mit seinem Zug der Tausend Sizilien einnimmt, steht ganz Italien auf.

Märtyrer des Risorgimento

Eine der Lichtgestalten des Risorgimento war der Veroneser Carlo Montanari, der mit einem 1850 gegründeten Geheimkomitee die freiheitlichen Gedanken zur Errichtung eines italienischen Nationalstaats befördern wollte. Nach der Entdeckung des Geheimkomitees durch die Österreicher ließ Radetzky die Mitglieder und zahlreiche weitere Bewohner Veronas, die verdächtigt wurden, verhaften und ihnen den Prozess machen. Die als **Märtyrer von Belfiore** in die Geschichte Eingegangenen wurden 1853 gehängt.

Carlo Steeb

Der Tübinger Johannes Heinrich Karl Steeb (1773–1856) war als Seelsorger Jahrzehnte in Verona und auf den Schlachtfeldern in dessen Umgebung tätig und gründete 1840 mit Schwester Vincenza Poloni den **Orden der „Veroneser Schwestern“**. Heute ist der ursprünglich „Kleine Schwestern der Barmherzigkeit“ genannte Orden mit 1200 Mitgliedern weltweit tätig. Steeb wurde am 6. Juli 1975 seliggesprochen.

1860 Mit einem Volksbegehren erklärt Norditalien, zusammen mit dem Veneto künftig zum Königreich von Italien gehören zu wollen, der Veneto bleibt aber unter habsburgischer Herrschaft. Ein Jahr später wird Vittorio Emanuele II. König. Die europäischen Großmächte erkennen das italienische Königreich an, nur Österreich legt Protest ein. In den folgenden Jahren steigen die Spannungen zwischen Wien und Preußen – Italien erkennt die Gunst der Zeit.

1866 Man verbündet sich mit Berlin und während die Österreicher und Preußen aufeinander einschlagen, erklärt auch Italien dem verhassten Herrscher über Venetien den Krieg. Der dritte italienische Befreiungskrieg beginnt. Zwar gewinnt Österreich alle Schlachten auf italienischem Boden (unter ihnen nochmals die Schlacht bei Custozza am 24. Juni 1866), doch die wirksame Entscheidung fällt ganz woanders. Der Preußisch-Österreichische Krieg endet in der Schlacht von Königgrätz am 3. Juli 1866 mit einem Sieg der Preußen. Die Habsburger verlieren daraufhin den Veneto, italienische Truppen ziehen nach Norden und marschieren durch die Porta Vescovo in Verona ein. Im Wiener Frieden vom 3. Oktober 1866 bestätigt Österreich den Veneto als dem italienischen Königreich zugehörig.

1870 Mit dem Deutsch-Französischen Krieg von 1870/71 fällt die letzte ausländische Bastion in Italien, Frankreich muss den Kirchenstaat an Italien abtreten. Die Einigung Italiens ist vollbracht – und als Nebeneffekt die weltliche Macht des Papstes gebrochen.

1882 Am 16. September und 28. Oktober erlebt Verona die schlimmsten Überschwemmungen der Neuzeit. Sie hinterlassen eine ungeheure Verwüstung der Stadt. Um Vergleichbares für die Zukunft auszuschließen, leitet man die Etsch um und schüttet den toten Flussarm zu.

072ve Abb.: sk

Das 20. und 21. Jahrhundert

1914 Im Ersten Weltkrieg ist Verona eine Etappenstadt, die immer wieder aus der Luft bombardiert wird, denn von hier aus versorgt sich die italienische Truppe in den Alpen. Sie befindet sich mit den Österreichern und dem mit ihnen verbündeten Deutschen Reich in einem für beide Seiten unglaublich opfervollen und blutigen Ringen im Eis und Fels der südlichen Alpen. Die Zahl der Toten geht in die Hunderttausende, doch letztendlich kann keiner an der österreichisch-italienischen Grenze einen endgültigen Sieg erringen. Auch mit dem Ende des Krieges bleiben die Zankäpfel Südtirol und Friaul erhalten.

1938 Mit dem Aufkommen des Faschismus in Europa und seinen Hauptprotagonisten Italien und Deutschland ändert sich die Situation. Die Regierung des Dritten Reichs entscheidet mit dem Anschluss Österreichs, dass Südtirol künftig zu Italien gehört, da man zwischen den Bruderländern des Faschismus keine Streitereien will. Damit muss Verona als Festungsstadt und Bollwerk gegenüber dem mächtigen Nachbarn im Norden nicht mehr erhalten werden.

1943 Mit den immer größer werdenden Gebietsverlusten der ursprünglichen Eroberungen der diktatorischen Achsenmächte im Laufe des Zweiten Weltkrieges ist ein Sieg des faschistischen Europas bald nicht mehr realistisch. Die Italiener stürzen Mussolini, vertreiben ihn aus Rom und kündigen die Waffenbruderschaft mit dem Großdeutschen Reich auf. Die bislang zentralistisch in Rom organisierte italienische faschistische Republik ist aber noch nicht am Ende, ihre Administration zieht in den Norden um und gründet die „Republik von Salò" (das am Gardasee liegend zur Hauptstadt wurde). Die Ministerien der Regierung werden auf verschiedene Städte verteilt. Verona erhält die meisten Ministerien und wird damit zum Zentrum der Marionettenregierung. Der Führer des auch „Italienische Sozialrepublik" genannten Staates ist erneut der – diesmal von Hitler eingesetzte – *Duce* Benito Mussolini.

1944 Als erste Handlung erklärt Mussolini dem Königreich Italien mit Sitz in Rom den Krieg, im Anschluss initiiert er den „Prozess von Verona". In ihm werden tatsächliche und unliebsam gewordene vermeintliche Gegner des Faschismus – darunter der Schwiegersohn Mussolinis, Graf Ciano (1936–1943 Außenminister) – im Januar 1944 zum Tode verurteilt und anschließend hingerichtet.

⌂ *Pause auf der Piazza delle Erbe* 8

1945 Fast zeitgleich mit der Schaffung der Republik von Salò landen die Alliierten auf Sizilien und drängen die deutschen Truppen in einem für beide Seiten zermürbenden Feldzug nach Norden, der erst im April 1945 beendet ist. Als Verona aufgegeben wird, sprengen die Deutschen alle Brücken der Stadt, auch die historischen. Zuvor haben US-Bomber die Stadt stark verwüstet – sie ist eine der meistbombardierten Ziele Italiens. Nun macht man sich an die Behebung der Zerstörungen. Die Brücken (darunter die der Skaliger und der Römer) werden im Originalzustand wieder errichtet, die zerbombten und gesprengten Häuser neu aufgebaut.

1959 Immer wieder kommt es zu Hochwasser in der Stadt. Dies kann nicht zuletzt auf die Begradigungen zurückgeführt werden, die die österreichische Administration im 19. Jh. vorgenommen hat und die Fließgeschwindigkeit des Flusses beträchtlich erhöhen. 1959 eröffnet man nach 20-jähriger Bauzeit einen 10 km langen Ableitungstunnel von Mori bis Torbole nördlich von Verona, der bei drohenden Überschwemmungen geöffnet wird und die Wassermassen der Etsch mit einer Kapazität von 50 m^3/Sekunde in den Gardasee leitet. Bei den starken Überschwemmungen von 1966 kann so Verona vor schwereren Folgen bewahrt werden, der Wasserspiegel des 370 km^2 großen Gardasees hebt sich hierbei immerhin um 17 cm.

1991 Mit der Gründung der Partei Lega Nord unter Umberto Bossi knüpft Norditalien an die Tradition der Stadtstaaten des Mittelalters an. Vom wirtschaftlich armen Süden und dem korrupten Rom will man sich ausdrücklich trennen. Ein eigenständiger norditalienischer Staat, Padanien, steht auf dem Banner der Partei, die 1996 nach einem fulminanten Sieg mit 10,4 % der Stimmen auf Nationalebene mit 87 Abgeordneten ins römische Parlament einzieht.

2000 Unter Berlusconi mit seiner Forza Italia bildet die Lega Nord eine Mitte-Rechts-Allianz, rückt aber zunehmend vom sezessionistischen Gedanken ab und tendiert mehr zu einer regionalistischen Organisation. Mit dem Verlust der Regierungsgewalt 2006 bricht der Wunsch nach einem „Nordparlament" jedoch wieder auf.

2007 Bei den Gemeindewahlen kann der Kandidat der Lega Nord mit einer wieder sezessionistisch geprägten Parteipolitik 61 % der Stimmen in der Provinz Verona auf sich vereinigen. Flavio Tosi, zum wiederholten Male wegen rassistischer Äußerungen verurteilter Lega-Nord-Hardliner, wird Bügermeister.

2011 In einem der letzten großen Kriegsverbrecherprozesse werden in Verona 9 Deutsche in Abwesenheit zu lebenslanger Haft verurteilt.

2013 Die Stadt begeht das 100-jährige Jubiläum der Arena-Festspiele und den 200. Geburtstag Verdis.

2018 Das Projekt der Bedachung der Arena wird aus konservatorischen Gründen endgültig abgelehnt.

2020 Wegen der Corona-Pandemie werden die Opernfestspiele in der Arena abgesagt.

2022 Der parteilose Damiano Tommasi wird Bürgermeister in Verona.

2023 Zum 100. Jahrestag der Opernfestspiele bringt die Arena ein Programm mit den erfolgreichsten Titeln ihrer Geschichte.

Leben in der Stadt

Verona und seine Provinz gehören zu den Tigern Europas, können sich bezüglich ihrer Wirtschaftskraft mit den besten Regionen Europas messen. Zahlreiche Kleinbetriebe produzieren auf höchstem Niveau für den Export, die Universität genießt einen hervorragenden Ruf und die Geschichte verpflichtet zum behutsamen Umgang mit dem städtischen Erbe – nicht zuletzt deshalb wächst der Touristenstrom stetig an.

100 km östlich glitzert Venedig in der Lagune, 150 km westlich liegt Mailand (Milano) und 150 km nördlich schmiegt sich Bozen ins Alpental. Verona hat eine **zentrale Position in Norditalien.** Hier schnitten sich die Verkehrswege des Alten Rom und heute treffen hier die modernen Schnellstraßen aufeinander. Lkws aus Nordeuropa donnern auf der Autobahn in südliche Richtung, die Zitrusfrüchte des Südens wiederum werden über Verona Richtung Norden transportiert und die Industrieproduktion des Veneto wird hauptsächlich von den Logistikunternehmen Veronas in alle Welt gebracht. Die Straßen Norditaliens von Ost nach West und von Nord nach Süd leiden an einem **ständigen Verkehrskollaps** – und Verona ist mittendrin.

Die Stadt ist **Sitz der Regierung der gleichnamigen Provinz,** in der offiziell 925.000 Menschen leben. 3096 km² beträgt die Größe der Provinz, womit durchschnittlich knapp 300 Menschen auf einem Quadratkilometer leben. Verona ist Teil der Region Veneto (andere Provinzen des Veneto: Venedig, Belluno, Vicenza, Rovigo, Padua und Treviso). Etwa 150 Milliarden Euro beträgt das Bruttoinlandsprodukt der Region, damit gehört sie zu den wirtschaftlich stärksten in ganz Europa. Die wichtigsten Industrieregionen konzentrieren sich entlang der Achse Verona – Vicenza – Treviso.

Es dominiert allerdings nicht die Groß- oder Schwerindustrie, es sind vielmehr **Tausende unabhängiger Klein- und Mittelbetriebe,** die extrem flexibel auf Änderungen der Märkte reagieren können. Und wer über China spricht, sollte eben auch den Veneto erwähnen: etwa 50 % der Brillen und 60 % der Skischuhe weltweit kommen von hier. 1000 Mio. Euro setzt die Schuhindustrie Veronas, 2000 Mio. Euro ihre Marmorindustrie und 2500 Mio. Euro ihre Logistikunternehmen um. Auch in der Messe mit ihren internationalen Veranstaltungen (da-

071ve Abb.: sk

Die Piazza Brà (1) zieht nicht nur Touristen an

runter die größte Weinmesse der Welt, Landwirtschaftsmessen, Schmuckmesse) spiegelt sich die Wirtschaftskraft der Provinz wider.

So ist man im Veneto also wer, zeigt dies auch stolz und ist verärgert über die Landesregierung in Rom, die vermeintlich die herausragende wirtschaftliche Leistung nicht ausreichend honoriert und die im Norden mühsam erwirtschafteten Gelder in strukturell ärmere Regionen des Südens transferiert. Kommunale Wahlen, die immer wieder die rechtsgerichtete Lega Nord in die Kommunalregierung bringen, sind daher ein Ausdruck der Einstellung, dass man es alleine, ohne den Süden, doch viel besser könne. Aus diesem Grund ist die **Kommunalpolitik** häufig von starken Tönen geprägt, um die Gemüter zu beruhigen oder auch um sie in Wallung zu bringen. Die Realpolitik hingegen ist hochpragmatisch und sorgt dafür, dass die Wirtschaft weiter wächst und gedeiht.

In die Provinz Verona reisen jährlich rund 4 Mio. **Touristen** und sorgen für etwa 14 Mio. Übernachtungen pro Jahr (davon ca. 1,5 Mio. in Verona und 12,5 Mio. am Gardasee). Auf die Provinzhauptstadt entfallen 750.000 Besucher, die durchschnittlich zwei Nächte bleiben. Auch wenn die Touristen für ein willkommenes Zubrot sorgen, das wirtschaftliche Rückgrat der Bewohner von Provinz und Stadt sind weiterhin die Industrie und der Handel. Gerne profitiert man aber von den **positiven Begleitumständen,** die der Tourismus mit sich bringt: eine saubere und sichere Stadt, ein reiches Kulturangebot für jeden Geschmack und eine Küche auf hohem Niveau.

Die Bewohner Veronas genießen selbstverständlich auch das uferlose Freizeitangebot in den **Naherholungsgebieten** der Provinz, die immerhin das größte Binnengewässer Italiens beinhalten: den **Gardasee** mit dem 2218 m hohen Cima Vadritta in der Monte-Baldo-Gruppe als Blickfang. Einen Ausflug wert sind zudem die Weinregionen, die mehr oder weniger am Stadtrand beginnen.

Auch im **Umweltschutz** ist man seit den 1990er-Jahren besonders aktiv. Mit dem regionalen Naturpark Lessinia im Norden der Provinz konnte man 102 km² der fragilen Gebirgsregion nachhaltig schützen. Durch den Bau von Klärwerken und einer Ringkanalisation wurde in den letzten Jahrzehnten außerdem die Wasserqualität des **Gardasees** kontinuierlich verbessert. Sie gilt heute als exzellent: Drei Anliegerorte erhielten 2023 die begehrte „Bandiera Blu", die Blaue Flagge (Gardone Riviera, Toscolano Maderno und Sirmione). Nur die **Etsch** ist ein wenig zum Sorgenkind geworden. Die mindere Qualität des Etsch-Wassers liegt aber nicht an Einleitungen in den Fluss, sondern am verminderten Wasserfluss, verursacht durch den Bau von Kraftwerken im Oberlauf.

260.000 Bewohner hat die Stadt Verona, fast 10 % davon sind Studierende. Die **Universität** wurde 1959 gegründet und zählt derzeit folgende sieben Fakultäten: Wirtschaftswissenschaften, Rechtswissenschaften, Literaturwissenschaft, Philosophie, Sprachwissenschaften, Medizin, Naturwissenschaften und Erziehungswissenschaften. Etwa 29.000 Studierende sind eingeschrieben und damit gehört die Universität zu den größeren Hochschulen des Landes. Sie trägt einen gewichtigen Teil zum kulturellen Leben der Stadt bei. Ausstellungen, Vorträge und Kongresse sorgen für Besucher und ein intellektuelles Klima.

PRAKTISCHE REISETIPPS

062ve Abb.: sk

Anreise

Mit dem Flugzeug

Der **Flughafen „Aeroporto Catullo Verona-Villafranca“** (www.aeroportoverona.it) liegt 12 km südwestlich des Zentrums und ist durch den **Shuttlebus Verona Airlink** (Linie 199) mit dem Zentrum Veronas verbunden (Tel. 045 8057922, www.atv.verona.it, Haltestelle am Hauptbahnhof, Fahrten vom Bahnhof um 5.15, 6.10, dann alle 20 Min. bis 22.50 Uhr, ab Flughafen 5.35, 6.30, dann alle 20 Min. bis 23.10 Uhr, einfache Fahrt 7 €, Fahrtdauer ca. 15 Min., Ticket gilt 75 Min. und auch für innerstädtische Anschlussbusse, Kauf am Automaten, beim Fahrer oder per App, auch per Kreditkarte möglich).

Direktflüge kommen u. a. aus Köln/Bonn, München, Dresden, Leipzig/Halle, Berlin, Frankfurt/Main und Wien. Bestimmte Kontingente an Sitzplätzen werden zu günstigen Tarifen vertrieben (mit Einschränkungen bei der Umbuchung und bei Storno), diese sind aber für die Hochsaison schnell ausgebucht.

Wenn man den Verona-Trip mit einer anderen sehenswerten Stadt verbinden möchte oder keinen (günstigen) Direktflug bekommt: Air Dolomiti fliegt auch von München nach **Venedig.** Von Zürich kommt man mit Swiss und von Wien mit Austrian Airlines nach Venedig. Die Gesellschaften, die norditalienische Ziele anfliegen, wechseln von Jahr zu Jahr. Um einen günstigen Flug zu finden, lohnt es sich, auf den Websites von Ryanair, Eurowings, easyJet u. Ä. zu recherchieren.

Vorseite: Pinocchio-Figuren auf der Piazza delle Erbe (8)

Mit dem Auto

Verona liegt direkt an den **Autobahnen A22** von Innsbruck über den Brenner nach Süden und **A4** von Mailand nach Venedig. Die Entfernung München – Verona beträgt 430 km, die durchschnittliche Fahrzeit etwa fünf Stunden. Die **Mautgebühr** („Pickerl“) in Österreich schlägt für zehn Tage mit 11,50 € zu Buche (www.asfinag.at/maut-vignette), es gibt auch eine Tagesvignette für 8,60 €. Zusätzlich fallen 13 € (einfach 6,50 €) für die Brennerstrecke an. In Italien beträgt die Autobahngebühr 16,60 € (Stand Mitte 2024).

An **Wochenenden** und bei Beginn und Ende der **Ferienzeiten** ist die Autobahn zwischen Innsbruck und Verona **chronisch überlastet.** (Ein Ausweichen auf die Landstraße bringt meist nichts.) In Italien muss auf Autobahnen das **Abblendlicht** eingeschaltet sein (Tagfahrlicht genügt). Zweiräder müssen (ebenso in Österreich) generell mit Abblendlicht fahren. Das Tragen einer Warnweste bei Verlassen des Fahrzeuges bei einer Panne außerorts ist sowohl in Österreich als auch in Italien Pflicht.

Auf Österreichs Autobahnen gilt ein **Tempolimit** von 130 km/h, auf der Brennerautobahn zwischen 22 und 5 Uhr von 110 km/h. In Italien gilt außerorts eine Geschwindigkeitsbeschränkung von 90 km/h, auf Schnellstraßen von 110 km/h, auf Autobahnen von 130 km/h (150 km/h auf dreispurigen Autobahnen, wenn dies entsprechend ausgeschildert ist). Bei Regen darf auf allen Autobahnen maximal 110 km/h, auf Schnellstraßen höchstens 90 km/h gefahren werden. Zwischen Brenner und Bozen darf generell nur maximal 110 km/h gefahren werden.

Mit dem Zug

Der **Bahnhof von Verona** [G9] liegt an der wichtigsten **Nord-Süd-Achse** des Schienenverkehrs von Nordeuropa nach Süditalien. Von München benötigen Intercity- und Eurocity-Züge um die 5:15 Std. Sie fahren von 7.30 bis 15.30 Uhr direkt im Zweistundentakt und sind teilweise reservierungspflichtig. Die einfache Fahrt kostet je nach Tageszeit im Normaltarif 45–90 €.

•**82** [G9] **Bahnhof Verona Porta Nuova,** Piazza XXV Aprile, Tel. 045 892021, www.trenitalia.it

088ve Abb.: sk

Vom Bahnhof [G9] kommt man schnell zu Fuß in die Altstadt

Mit dem Bus

Mit dem Fernbusanbieter Flixbus geht es ab München in 5½–6½ Std. direkt nach Verona, die **Haltestelle** befindet sich **am Bahnhof**. Die Kosten betragen je nach Saison und Tageszeit zwischen 30 und 60 € für die einfache Strecke. Teilweise bestehen auch ab Frankfurt Direktverbindungen. Von Zürich aus kommt man ebenfalls direkt nach Verona (6–8 Std., 40–80 €). Ab Wien gibt es keine Direktverbindung.

Autofahren

Allgemeine Situation

Autofahren in Verona ist wegen der limitierten Parkplätze und der guten Erreichbarkeit der Sehenswürdigkeiten zu Fuß **nicht anzuraten.** Wer mit dem Fahrzeug anreist, sollte es nach der Gepäckabgabe im Hotel baldmöglichst in einem der Parkhäuser abstellen **(Zufahrt in die Altstadt nur für den Gepäcktransport:** Mo.–Fr. 10–13.30, 16–18, Sa./So. 10–13.30 Uhr, nur nach Voranmeldung auch Mo.–Fr. 20–23 Uhr, www.amt3.it/de/ztl-verona).

Wer **Ausflüge** z. B. an den Gardasee unternehmen will und per Flugzeug oder Zug angereist ist, kann sich einen **Mietwagen** besorgen, etwa über ein Onlineportal oder in der Ankunftshalle des Flughafens.

Parken

Das Parken in Verona ist **stark reglementiert.** Die Einfahrt in die Altstadt, etwa nördlich der Linie Ponte d. Vittoria [I6] – Piazza Brà **1** – Ponte Navi [K7], wird mithilfe von Kameras überwacht. Wer zu seinem Hotel will, um das Gepäck abzuladen (und nur dafür!), darf hinein (s. oben) – ansonsten können nur Einheimische und Lieferanten die engen Gassen befahren.

Das Parken ist an mit einer **blauen Linie** gekennzeichneten Bordsteinen und Flächen kostenpflichtig. Den Obolus von 2 €/Std. lässt man an den **Parkautomaten** (wo man auch Bus-

215ve Abb.: sk

In Veronas Altstadt dürfen nur Anwohner motorisiert unterwegs sein

tickets erwerben kann) oder man kauft eine **Parkkarte** in einem der Tabacchi-Läden und entfernt die gummierte Oberfläche über dem jeweiligen Tag und der jeweiligen Stunde. Das Parken ist auf maximal zwei Stunden beschränkt. An mit **weißen Linien** gekennzeichneten Bordsteinen ist das Parken kostenlos, sie sind allerdings sehr rar gesät. Parkt man an **gelben Linien** (= absolutes Halteverbot), wird man einen Strafzettel kassieren oder das Fahrzeug kommt per Abschleppwagen in die Verwahranstalt. Plätze in den Parkgaragen lassen sich online unter www.sabait.it reservieren.

Parkhäuser und Parkplätze:

- P83 [I8] **Arena** (Parkhaus), 24 Std. geöffnet, 870 Plätze, davon 17 für Behinderte, 2,30 €/Std., 22 €/Tag
- P84 [H6] **Arsenale** (Freifläche, Tiefgarage), 24 Std., 230 Plätze, davon 4 für Behinderte, 2,30–2,50 €/Std., 20 €/Tag
- P85 [L8] **Centro** (Freifläche), Via Campo Marzo, 1 €/Std., 10 €/Tag. Von dem zentrumsnahen Parkplatz verkehren Shuttlebusse der Linien 70 und 71 in die Altstadt (1 €).
- P86 [J7] **Cittadella** (Parkhaus, Tiefgarage und Freifläche), 24 Std. geöffnet, 800 Plätze, 3 €/Std., 21 €/Tag
- P87 [L6] **Piazza Isolo** (Tiefgarage), 24 Std., 247 Plätze, 2,30–2,90 €/Std., 20 €/Tag
- P88 [L7] **Polo Zanotto** (Tiefgarage), 24 Std. geöffnet, 233 Plätze, davon 4 für Behinderte, 2 €/Std., 15 €/Tag
- P89 [J8] **Tribunale** (Freifläche), 24 Std., 340 Plätze, davon 9 für Behinderte, 7–15 Uhr 1,50 €/Stunde, 15–7 Uhr max. 7 €/Tag

Barrierefreies Reisen

Bei der An- und Abreise erhält man am **Flughafen Aeroporto Valerio Catullo** (s. S. 102) Unterstützung, muss diese aber über seine Fluglinie anmelden (Informationen für Behinderte am Flughafen unter Tel. 045 8095666). Am **Bahnhof Verona Porta Nuova** (s. S. 103) wird der Behindertendienst über die Büros von Sala Blu koordiniert (Gratis-Tel. 800 906060, www.rfi.it/en, tgl. 7–21 Uhr). Die Unterstützung lässt sich am besten vom Heimatbahnhof aus anmelden.

Die **Stadtbusse** in Verona sind zu 95 % mit barrierefreien Zugängen ausgestattet, erkennbar am blauen Aufkleber an der Bustür.

Der Zugang zu den wichtigen **Museen und Sehenswürdigkeiten** der Stadt entspricht dem europäischem Standard. Die Lokalitäten sind mit barrierefreien Eingängen ausgestattet und Aufzüge helfen, in die oberen Etagen zu kommen.

Diplomatische Vertretungen

› **Deutsches Generalkonsulat in Mailand,** Via Solferino 40, 20121 Milano, Tel. +39 02 6231101, www.mailand.diplo.de
› **Österreichisches Generalkonsulat in Mailand,** Piazza del Liberty 8/4, 20121 Milano, Tel. +39 02 7780780, www.bmeia.gv.at/gk-mailand
› **Schweizer Generalkonsulat in Mailand,** Via Palestro 2, 20121 Milano, Tel. +39 027 779161, www.eda.admin.ch/milano

Elektrizität

Die Netzspannung beträgt wie in Mitteleuropa 220 Volt, die üblichen Flachstecker sind benutzbar, häufig auch dreipolige Schukostecker (falls nicht, so bieten die Hotelrezeptionen meist Adapter an).

Geldfragen

Mit einer **Debitkarte** (Girocard/EC-Karte) oder einer **Kreditkarte** kann man an fast allen **Geldautomaten** in der Stadt Bargeld abheben und in so gut wie allen Geschäften bezahlen. Auch **kontaktloses Zahlen** per Smartphone ist weit verbreitet. Die **Lebenshaltungskosten** liegen in Italien gegenüber Mitteleuropa leicht höher.

Während der Hochsaison – in Verona speziell die Zeit während der Opernfestspiele im Juli und August – schnellen die **Hotelpreise** nach oben und können sich leicht verdoppeln oder verdreifachen. Eine Verhandlung ist dann nicht möglich, weil die Hotels keine Schwierigkeiten haben, die Zimmer loszuwerden. Die Nacht für zwei Personen in einem Doppelzimmer mit Bad und ohne Frühstück in einem einfachen Hotel kostet zwischen 50 und 120 €, in einem Mittelklassehotel zwischen 80 und 200 € und in einem Luxushotel zwischen 200 und 600 € (jeweils Neben- und Hochsaison).

Ein **Essen** im Restaurant mit Vor-, Haupt- und Nachspeise kostet ohne Getränke um 30 € in einem einfachen Lokal, um 45 € in einer gehobenen Gaststätte und ab 60 € in einem Spitzenlokal. Wer mit einer Pizza vorliebnimmt, zahlt etwa 8–10 €. Ein offener Wein kostet zwischen 5 und 10 € für die Literkaraffe, Flaschenweine erhält man ab 15 €.

Eintrittspreise in die Hauptkirchen und Museen variieren zwischen 4 und 15 €, freien Eintritt erhält man in den städtischen Einrichtungen mit der **VeronaCard** (ein Tag 27 €, zwei Tage 32 €), die sich schnell rentiert (siehe „Verona preiswert", S. 106).

Bewegt man sich bei seinem Besuch auf einfachem Niveau, muss man pro Tag und Person in der Stadt mit 80 € rechnen, auf Mittelklasseniveau mit 150 €. Bei einem luxuriöseren Urlaub zahlt man ab 250 € pro Tag und Person.

Der Besuch einer **Opernvorstellung in der Arena** kostet auf den besten Plätzen in der ersten Reihe und mittig um 270 €, im Parkett mit Sitz zwischen 137 und 216 € (je nach Lage und Abstand zur Bühne). Die teuersten Rangplätze kommen auf 117 €, die günstigsten auf 32 € (ganz oben und seitlich versetzt).

Verona preiswert

- Viele städtische **Museen** haben im Winterhalbjahr jeden 1. Sonntag im Monat Museumstag mit reduziertem Eintritt von 1 €.
- Die **VeronaCard** sei jedem Besucher empfohlen, da sie neben freiem Eintritt in städtische Museen und Kirchen auch die kostenlose Nutzung der städtischen Verkehrsmittel einschließt (www.visitverona.it/en/explore/culture-at-an-afforda ble-price). Sie ist an Museums- und Kirchenkassen sowie in zahlreichen Tabacchi-Läden und der Touristeninformation erhältlich und gilt 24 (27 €) bzw. 48 Stunden (32 €).
- Wer **fürs Essen nicht allzu viel ausgeben** will, geht in eine Bar, lässt sich aus der Vitrine ein belegtes Bötchen oder ein Sandwich reichen und **isst es vor Ort im Stehen**. Generell gilt in den Bars: Wer sich hinsetzt, zahlt mehr als derjenige, der im Stehen konsumiert. Eine weitere günstige Möglichkeit sind Selbstbedienungsrestaurants, deren Essen durchaus schmackhaft ist.
- **Günstigere Unterkunftsmöglichkeiten** findet man in Verona in der Hochsaison, wenn man sich dafür entscheidet, weiter außerhalb zu nächtigen. Die größeren und modernen Hotels, die auf Geschäftsreisende spezialisiert sind, befinden sich verkehrstechnisch günstig in Autobahnnähe im Süden der Stadt. Wer es aber ruhiger liebt, ist mit den Agriturismi (Ferienbauernhöfen, s. S. 116) in den Hügeln nördlich Veronas besser beraten.

089ve Abb.: sk

Der venezianische Karneval ist auch in Verona präsent

Informationsquellen

Infostellen in der Stadt

Das **städtische Auskunftsbüro IAT** *(Informazione e Accoglienza Turistica)* findet man an der Piazza Brà ❶.

ℹ **90** [J7] **IAT Piazza Brà,** im Palazzo Barbieri, Via Leoncino 61, Tel. +39 045 8068680, www.visitverona.it, März–Okt. Mo.–Sa. 9–18, So. 10–17, Juli/Aug. Mo.–Sa. bis 19, So. bis 18, Jan./Febr. u. Nov./Dez. Mo.–Sa. bis 17, So. bis 16 Uhr

ℹ **91** [M8] **Fundbüro – Oggetti smaritti,** Via Campo Marzo 8, Tel. 045 8079341, Mo./Mi. 9–12 Uhr

Karten für Veranstaltungen klassischer Musik (Oper und Konzert) in der Arena ❷ wie auch für das Teatro Filarmonico (s. S. 71) gibt es unter www.arena.it und an den Vorverkaufsstellen der Arena. Tickets für alle anderen Arena-Events

(Rock, Pop, Musical) und die Veranstaltungen des Veroneser Theatersommers (s. S. 79) sind beim Box Office erhältlich. Außerdem verfügen auch internationale Ticket-Websites wie beispielsweise der Anbieter Eventim (www.eventim.de) über Ticketkontingente.

92 [J7] **Box Office Verona,** Via Pallone 16, Di.-Sa. 9.30-12.30 und 15.30-19.30 Uhr, Mo. nur 15.30-19.30 Uhr, Tel. 045 8011154, www.boxofficelive.it

Verona im Internet

- **www.carnetverona.it:** ausführliche Veranstaltungslisten für jeden Tag der Woche (Italienisch)
- **www.cittadiverona.it:** Seite mit Informationen über kulturelle Ereignisse (hauptsächlich auf Italienisch)
- **www.gardasee.de/verona:** privat betriebene Internetseite zur Region mit einigen praktischen Tipps auch zu Aktivitäten wie z. B. Radtouren
- **www.italia.it:** Internetauftritt des staatlichen italienischen Fremdenverkehrsamtes mit Infos zur Region Veneto und hilfreichen praktischen Reisetipps (auf Italienisch, Englisch und Spanisch)
- **www.museiverona.com:** offizielle Internetpräsenz der städtischen Museen Veronas mit der Möglichkeit der Onlinebuchung (nur auf Italienisch)
- **www.turismoverona.eu:** zweisprachige offizielle und sehr ausführliche Seite der Kommune Verona (auch auf Englisch)
- **www.verona.com:** ausführliche Beschreibungen vieler Sehenswürdigkeiten Veronas und weitere touristische Informationen, zudem Angebote für geführte Touren (auf Deutsch)
- **www.visitverona.it:** vom IAT betreute, offizielle Tourismusseite, die mit einigen interaktiven Elementen und einem Buchungsportal für Unterkünfte aufwartet (auch auf Englisch)

Toiletten

In Verona sind fünf öffentliche, tagsüber benutzbare Toiletten ausgewiesen, für deren Besuch man zwischen 0,50 und 0,70 € zahlt: Arsenale 25, Piazza Brà 1, Cortile del Mercato Vecchio (s. S. 21), Piazza San Zeno [F/G6] und Ex Macello (auch Duschen).

•**93** [K8] **Ex Macello,** Via Macello 33

Eine nur unwesentlich teurere Alternative ist der Besuch einer **Bar,** in der man für etwa 1 € an der Theke einen Espresso konsumiert.

Trinkwasser

Das **Leitungswasser** in Verona ist von guter Qualität (mit die beste Italiens), relativ mineralreich, wird streng überwacht und kann ohne Probleme konsumiert werden.

Verona-Apps

- **Centro Meteo Italiano:** ausführliche Wettervorhersagen von einem der größten Meteorologischen Institute Italiens (kostenlos für iOS und Android)
- **Ticket Bus Verona:** Fahrpläne aller Buslinien in und um Verona inkl. Haltestellensuchfunktion und Ticketkauf (kostenlos für iOS und Android, auch auf Deutsch)
- **Verona Bike:** App für den gleichnamigen Radverleih mit Anzeige der Stationen und Abrechnung (Android oder iOS)

Publikationen und Medien

Alle kulturellen, sportlichen und weiteren **Veranstaltungen** der Stadt und Umgebung listet die regelmäßig erscheinende Broschüre **Carnet Verona** auf Italienisch auf (auch online unter www.carnetverona.it). Man bekommt sie i. d. R. kostenlos in Hotels.

Internet

Weite Teile von **Veronas Altstadt** (insbesondere Piazza Brà 1 und Piazza delle Erbe 8), zahlreiche Plätze außerhalb und eine große Anzahl an Sehenswürdigkeiten bieten als Wifi-Zonen **kostenlosen Zugang ins Internet.** Dazu wird die für iOS und Android verfügbare App **„Verona Smart-App"** benötigt. Mit ihr ist der Zugang zu den Hotspots unkompliziert (und kostenlos).

LGBT+

Die LGBT-Szene ist in Norditalien mittlerweile relativ gut organisiert und besitzt ihre offiziellen Treffpunkte. Informationen erhält man bei diesem Zentrum:

› **Pianeta Milk Verona Lesbian/Gay/Bisexual/Transgender Center,** www.pianetamilk.it und www.arcilesbicaverona.blogspot.com, Infoline-Tel. 045 973003 (Di.–Do. 21–23 Uhr).

Treffpunkte

94 [I9] **Bed & Breakfast La Magnolia,** Via Jacopo Foroni, Tel. 392 3306284, www.magnoliaverona.it

95 [I8] **Lucià Café,** Via M. Bentegodi 4/a, Tel. 345 2290250, www.facebook.com/luclacafe, Mo./Di. 7–1, Mi.–Fr. bis 2, Sa./So. 18–2 Uhr. Bar und Café für Schwule und Lesben.

96 **Milord,** Via Lussemburgo 1, www.facebook.com/milordverona. Club und Bar mit elegantem Flair, vorrangig für Schwule.

97 [I8] **Ostinati** €-€€, Corso Porta Nuova 37, Tel. 389 2931887, https://ostinativerona.it, Mo.–Sa. 7–2, So. ab 8 Uhr. Treffpunkt der Szene mit gutem Essen und Cocktails.

Mit Kindern unterwegs

Wie in ganz Italien sind die Menschen in Verona **äußerst kinderfreundlich.** In den Museen und Kirchen zahlen Kinder und Jugendliche bis 14 Jahre meist nur die Hälfte und in den Restaurants darf man gerne um eine kleinere Portion für sie bitten.

Unsere Literaturtipps

› **„Catull. Der Dichter und sein erotisches Werk"** – Niklas Holzberg bringt in seinem bei C. H. Beck erschienenen Werk über die um 55 v. Chr. publizierten Gedichte des in Verona geborenen Poeten die Sache auf den Punkt: Nie war die Sexualität im Alten Rom so frei wie zu Catulls Zeiten.

› In ihrem ersten Verona-Fall **„Seelenstreich"** (epubli) gerät die versierte Kommissarin Paola Rossi selbst in tödliche Gefahr. Autorin Cinzia G. Agostini hat auch noch weitere spannungsreiche Geschichten in der Hinterhand.

› In **„Tod in Verona"** (DuMonts Kriminalbibliothek) zeichnet Timothy Holme ein ganz anderes Kaliber als Ermittler: Der unverschämt gut aussehende neapolitanische Polizeiinspektor Achille Peroni durchstöbert das Verona der Roten Brigaden und der Faschisten.

› Die **Kriminaltrilogie** um den Hochstapler **Duckworth** (Kunstmann-Verlag) von Tim Parks spielt in Verona und beschreibt den Aufstieg des skrupellosen Ehrgeizlings in die gute Gesellschaft.

Folgende Aktivitäten und Orte in der Stadt sind mit Kindern besonders lohnenswert:

- **Museen:** Arena 2, Museo di Storia Naturale 37
- **Parks und Spielplätze:** Giardini dell'Arsenale Austriaco 25, Giardino Giusti 35, Spielplätze gegenüber der Kirche San Giovanni in Valle 33 und südlich der Kirche San Giorgio
- **Stadttour:** Fahrt mit der Touristenbahn (s. S. 113)
- **Turmbesteigung:** Torre dei Lamberti 9
- **Rafting:** Man fährt auf Gummibooten vom Ponte Catena [G4] nördlich des Arsenale Austriaco aus die Schleifen der Etsch ab, die Tour entlang der Altstadt (8,5 Kilometer) dauert ungefähr zwei Stunden (Adige Rafting di Davide Cocchio, Via del Perloso 14A, Chievo, Tel. 3478892498, www.adigerafting.it).

Medizinische Versorgung

Die Liste der jeweiligen **Notdienstapotheken** findet man unter www.farmacieverona.it („farmacie di turno"). Eine **Apotheke** mit deutschsprachiger Beratung ist die:

98 [I7] **Farmacia Internazionale,** Piazza Brà 28, www.farmacia-internazionale.it, Tel. 045 596139, Mo.-Fr. 9-19.45 Uhr, Sa. 9-12.45 Uhr, So. geschlossen

99 [H4] **Krankenhaus „Ospedale Borgo Trento",** Piazzale Stefani 1, Tel. 045 8121111, liegt nordwestlich der Altstadt hinter dem Arsenale Austriaco 25

Beim Rafting nimmt man Verona aus einer anderen Perspektive wahr

Notfälle

Notrufnummern

- **ACI Pannenhilfe** (ital. Automobilclub): Tel. 803116 (24 Std., gratis), www.aci.it
- **ADAC Notrufnummer:** 0049 89 222222
- **ÖAMTC Schutzbriefnothilfe:** Tel. 0043 (0)1 2512000
- **Polizeinotruf:** Tel. 112
- **Rettungsdienst:** Tel. 118 und Tel. 112

Kartensperrung

Bei **Verlust der Debit/Giro-, Kredit- oder SIM-Karte** gibt es für Kartensperrungen eine **deutsche Zentralnummer** (unbedingt vor der Reise klären, ob die eigene Bank bzw. der jeweilige Mobilfunkanbieter diesem Notrufsystem angeschlossen ist). **Aber Achtung:** Mit der telefonischen Sperrung sind die Bezahlkarten zwar für die Bezahlung/Geldabhebung mit der PIN gesperrt, nicht jedoch für das **Lastschriftverfahren mit Unterschrift.** Man sollte daher auf jeden Fall den Verlust zusätzlich **bei der Polizei zur**

217ve Abb.: ©valeggio2000, stock.adobe.com

Anzeige bringen, um gegebenenfalls auftretende Ansprüche zurückweisen zu können.

In **Österreich** und der **Schweiz** gibt es keine zentrale Sperrnummer, daher sollten sich Besitzer von in diesen Ländern ausgestellten Debit- oder Kreditkarten vor der Abreise bei ihrem Kreditinstitut über den zuständigen Sperrnotruf informieren.

Generell sollte man sich immer die **wichtigsten Daten** wie Kartennummer und Ausstellungsdatum **separat notieren**, da diese unter Umständen abgefragt werden.

- **Deutscher Sperrnotruf:** Tel. +49 116116 oder Tel. +49 3040504050
- **Weitere Infos:** www.kartensicherheit.de, www.sperr-notruf.de

Polizeidienststellen

101 [J8] **Polizia Municipale (Stadtpolizei),** Via dei Pontiere 32a, Tel. 045 8078828, www.poliziamunicipale.comune.verona.it

100 [K8] **Polizia Stradale (Verkehrspolizei),** Lungadige Galtarossa 11, Tel. 045 8090711, www.poliziadistato.it

Öffnungszeiten

- **Ämter:** Mo.–Fr. 8.30/9–13.30 und 15–17.30 Uhr
- **Banken:** Mo.–Do. 8.30–13.30 und 15–16 Uhr, Fr. 8.30–13.30 u. 14.45–15.45 Uhr
- **Geschäfte:** Mo.–Sa. 8.30–12.30 und 15.30–19.30 Uhr (Montagvormittag häufig geschlossen)
- **Museen:** meist Di.–So. (sonntags in der Regel eingeschränkte Öffnungszeiten)
- **Post:** Mo.–Fr. 8.15–14 und 16–20 Uhr, Sa. 8–13 Uhr (Hauptpostamt siehe unter „Post" rechts)

Post

Das **Porto** für einen Standardbrief nach Mitteleuropa *(posta prioritaria)* beträgt 1,25 € (20 g). **Briefmarken** sind in den Postfilialen und in den Tabacchi-Läden erhältlich (gekennzeichnet mit einem weißen „T" auf blauem Grund).

Da Postkarten in der Regel sehr stiefmütterlich bearbeitet werden, empfiehlt es sich, diese in einen Umschlag zu stecken und anschließend als Standardbrief zu versenden. **Postfilialen** haben vormittags von 8.15 bis 14 Uhr geöffnet und Hauptpostämter ganztags.

✉101 [I7] **Hauptpostamt (Ufficio Postale VR 2),** Via C. Cattaneo 23, 37100 Verona (nahe der Piazza Brà), Tel. 045 8059949, www.poste.it, Mo.–Fr. 8.20–19.05 Uhr, Sa. 8.20–12.35 Uhr

Radfahren

Verona ist eine sehr fahrradfreundliche Stadt. In der Altstadt darf man – im Unterschied zum Auto – mit dem Rad unbeschränkt unterwegs sein. Nur in den Straßen Via Mazzini ❻ und Via Cappello [K6] muss man das Fahrrad schieben.

An folgenden Stellen kann man sich **Fahrräder ausleihen:**

•102 [K4] **Itinera Bike & Travel,** Via Madonna del Terraglio 5, Tel. 045 2226529, www.itinerabike.com, E-Bikes ab 30 €/Tag

- **Verona Bike:** An zahlreichen Orten im Stadtgebiet kann man die Räder der städtischen Organisation abholen und abgeben bzw. in Ständer stellen. Dazu lädt man die kostenlose App Verona Bike (s. S. 107) herunter. Man gibt seine Kreditkartendetails an, erhält mit dem

090ve Abb.: sk

Abonnement einen Zugangscode und kann mit diesem Code ein Rad aus dem Ständer lösen. Der Grundpreis beträgt für einen Tag 2 €, für eine Woche 5 € und für einen Monat 10 €. Die erste halbe Stunde der Nutzung ist dann frei, die zweite kostet 0,50 €, die dritte und vierte je 0,75 €. Da man die Räder verfügbar halten will, ist eine längere Nutzung als zwei Stunden nicht vorgesehen. Passiert dies dennoch, kostet jede weitere Stunde 2 €. Alle Kosten werden automatisch von der Kreditkarte abgebucht. Auch E-Bikes und Räder mit Kindersitz stehen zur Verfügung.

Sicherheit

Norditalien gilt als relativ sicher, wenn es auch in den großen Städten Viertel gibt, die man nachts nicht alleine betreten sollte. Die ständig belebte Innenstadt Veronas gehört nicht dazu, hier kann man sich im Allgemeinen zu jeder Tages- und Nachtzeit unproblematisch bewegen.

Doch bedenke man immer: Gelegenheit macht **Diebe**. Und so sollte man nicht mit Geld, Schmuckstücken oder wertvollen Kameras beweisen wollen, was man sich so alles leisten kann. Sollte man wider Erwarten doch einmal Opfer eines Diebstahls werden – vielleicht während der Opernsaison im Gedränge der Piazza Brà 1 oder in den Gassen der Altstadt –, wende man sich an die überall postierten Polizistinnen und Polizisten, die meist mindestens eine Fremdsprache sprechen und gerne weiterhelfen.

Verona ist ein beliebtes Etappenziel für Fernradler

Sprache

In Verona wird vergleichsweise häufig **Deutsch** gesprochen, sodass eine Verständigung oft auch ohne Italienischkenntnisse möglich ist. In den Restaurants sind die **Speisekarten** meist mehrsprachig (auch auf Deutsch), in wenigen Fällen nur in Italienisch. Die Ausstellungsstücke in den Museen sind häufig mehrsprachig beschriftet, auf alle Fälle ist eine Broschüre mit Erklärungen in Deutsch erhältlich. Dies trifft auch auf die Kirchen zu.

Im Anhang dieses CityTrips finden Sie zur besseren Verständigung vor Ort außerdem eine „Kleine Sprachhilfe" mit den wichtigsten italienischen Begriffen und Redewendungen (s. S. 120).

Parla italiano?

Auch wenn Verona gar nicht so weit weg liegt von deutschsprachigen Regionen, sollte man sich nicht auf Deutschkenntnisse beim Gegenüber verlassen. Einfachste Dinge lassen sich mit erklärenden Gesten regeln, aber wenn es etwas komplizierter wird, beispielsweise beim Essen, hilft ein guter Sprachführer weiter. Michael Blümke und Ela Strieder erläutern im Kauderwelsch-Jubiläumsband „Italienisch 3 in 1" (Reise Know-How Verlag, Bielefeld) die wichtigsten kulinarischen Begriffe, helfen LeserInnen mit einer ordentlichen Portion italienischem Slang auf die Sprünge und halten zusätzlich noch Italienisch „Wort für Wort" parat, eine praxisnahe Einführung in die italienische Sprache.

Stadttouren

Höchst kompetente **Stadtführungen auf Deutsch** unternimmt Dottoressa Christina Zuegg (Tel. 045 524628, Mobil 333 4620473, christinazuegg@gmail.com). Die individuelle Führung hat den Vorteil, sich auf diese Weise nicht nur einen generellen Überblick zu verschaffen, sondern auch spezielle Interessen verfolgen zu können (z. B. das römische Verona, die Stadt unter den Skaligern oder das Verona der Renaissance, Verona als Weinstadt).

Wer lieber in einer größeren Gruppe geht, wende sich an die Touristeninformation (s. S. 106), die zum **Fremdenführerverein „Juliet & Co."** vermittelt (www.julietandco.com). Auf der Website des Tourismusbüros (https://turismo.comune.verona.it unter „Itineraries/What to see") lässt sich zudem noch zu Hause im Baukastensystem aus den wichtigsten Sehenswürdigkeiten eine Besichtigungstour erstellen, die man dann als Tourenplan ausdrucken und mitnehmen kann.

Eine wirklich günstige Möglichkeit der Stadtbesichtigung ist eine Fahrt mit Bussen des öffentlichen Nahverkehrs (www.atv.verona.it). Die **Linie 70** beispielsweise fährt durch die Altstadt.

Von März bis Oktober verkehren zudem **Hop-on-Hop-off-Cabriobusse** auf zwei Rundkursen (A und B) durch Verona und passieren die wichtigsten Sehenswürdigkeiten (im Winter nur eine Strecke). Ein 24-Stunden-Ticket kostet für Erwachsene 25 € für Kinder bis 15 Jahre 12 €. Man kann beliebig oft aus- und wieder zusteigen und so alle Sehenswürdigkeiten bequem erreichen. Im Bus sind Kopfhörer vorhanden, über die man in verschiedenen Sprachen noch einige Details zu den Gebäuden, die passiert werden, erhält. Die Busse fahren stündlich zwischen 9/10 und 18/19 Uhr. Der Abfahrtspunkt für den Rundkurs liegt an der Piazza Brà ❶ (www.city-sightseeing.it/verona).

Mit der **Touristenbahn**, deren Abfahrtsort sich ebenfalls an der Piazza Brà ❶ befindet, geht es an den wichtigsten Sehenswürdigkeiten in der Etschschleife vorbei (März–Okt. tgl. 10.30–18.30 Uhr alle 25 Min., Erwachsene 5 €, Kinder 3 €).

Telefonieren

Seit 2017 gibt es in der EU keine Roaminggebühren mehr. Damit ist das Telefonieren und Surfen mit dem Handy im EU-Ausland so günstig wie zu Hause – es sei denn, man nutzt das Handy im Ausland über einen längeren Zeitraum hinweg, dann können je nach Anbieter Nutzungsobergrenzen gelten.

Wer nach und in Italien telefoniert, muss beachten, dass **Festnetznummern immer mit der Ortsnummer und der vorangestellten „0" gewählt werden müssen**, von Mitteleuropa nach Verona also „0039 045 [Teilnehmernummer]", innerhalb Veronas „045 [Teilnehmernummer]". Italienische Mobilfunknummern werden hingegen prinzipiell ohne vorangestellte „0" gewählt. Bei einigen Mobiltelefonen muss beim Anruf italienischer Mobilfunknummern evtl. die Landesvorwahl „0039" vorangestellt werden.

› **Vorwahlen:** von D, A, CH nach Italien 0039, von Italien nach D 0049, nach A 0043, nach CH 0041

Unterkunft

Trotz der zahlreichen Unterkunftsmöglichkeiten in der Stadt und Umgebung ist Verona **in der Hochsaison häufig ausgebucht,** sodass für Juli und August eine rechtzeitige Reservierung empfehlenswert ist. Unterkünfte sind in diesen Monaten bis zu dreimal so teuer wie im Restjahr und auch einfachere Herbergen schlagen dann beim Preis ordentlich drauf.

Gemütlich unterwegs: mit der Touristenbahn auf Sightseeingtour

220ve Abb.: sk

Buchungsportale

Neben Buchungsportalen für **Hotels** (z. B. www.booking.com, www.hrs.de oder www.trivago.de) bzw. für **Hostels** (z. B. www.hostelworld.com) gibt es auch Anbieter, bei denen man **Privatunterkünfte** buchen kann. Portale wie www.airbnb.de oder www.wimdu.de vermitteln Wohnungen, Zimmer oder auch nur einen Schlafplatz auf einer Couch. Diese oft recht günstigen Übernachtungsmöglichkeiten sind nicht unumstritten, weil manchmal normale Wohnungen gewerblich missbraucht werden. Einige Städte greifen deshalb regulierend ein.

Preiskategorien

Preis für ein DZ mit Frühstück:

€	bis 75 €
€€	75–160 €
€€€	ab 160 €

Hotels aller Kategorien sind auf Stadtgebiet zu finden, von der 5-Sterne-Luxusunterkunft bis zum 1-Sterne-Budgethotel. Zudem bieten weit über 100 Bed-and-Breakfast-Betriebe Zimmer an (i. Allg. mit Bad), zwei Campingplätze liegen zentrumsnah und auch für Caravans stehen Plätze zur Verfügung. Die angegebenen Preise können sich jederzeit ändern. Die meisten Hotels in der Altstadt besitzen unabhängig von ihrer Kategorie meist kein Hotelrestaurant, sondern nur einen Frühstücksraum. (In unmittelbarer Umgebung gibt es aber zahllose Lokale.)

In den Hotels wird – abhängig von der Klassifizierung – eine **Kurtaxe** *(imposta di soggiorno)* in Höhe von 1,50 € bis 5 € pro Nacht berechnet.

Die folgende Website empfiehlt sich für die Buchung von Bed-and-Breakfast-Unterkünften in Verona und Umgebung:

› **Associazione Bed & Breakfast:** www.veronabedandbreakfast.it

Hotels

103 [K5] **Due Torri** €€€, Piazza Sant' Anastasia 4, Tel. 045 595044, www.duetorrihotels.com. **Luxus in alten Gemäuern:** Die 91 Zimmer sind in einem Gebäude aus dem 14. Jh. untergebracht, dessen ursprüngliche Atmosphäre bei der Sanierung dem Luxus internationaler Prägung untergeordnet wurde. (Sonderangebote erfragen!)

104 [J6] **Hotel Accademia** €€-€€€, Via Scala 12, Tel. 045 596222, www.hotelaccademiaverona.it. **Mitten im Geschehen:** Zwischen Piazza Brà und Piazza delle Erbe an der Via Mazzini nächtigt man zentral in einem herrschaftlichen Palast mit allem Komfort.

105 [H7] **Hotel Arena** €€, Stradone Porta Palio 2, Tel. 045 8032440, https://arena.worhot.com. **Gediegen:** 17 frisch und freundlich eingerichtete Zimmer direkt beim Castelvecchio.

106 [J6] **Hotel Aurora** €€, Piazzetta XIV Novembre 2 (Piazza delle Erbe), Tel. 045 594717, https://hotelaurora.biz. **Die perfekte Aussicht:** direkt an der Piazza delle Erbe, 20 moderne und zweckmäßig eingerichtete Zimmer, tolle Terrasse auf der 1. Etage mit Blick auf die Piazza delle Erbe.

107 [J8] **Hotel De'Capuleti** €€-€€€, Via del Pontiere 26, Tel. 045 8000154, www.hotelcapuleti.it. **Unaufdringlich und angenehm:** Das 40-Zimmer-Hotel in der Nähe des Grabes von Julia und 200 m von der Arena entfernt versteckt sich in einer ruhigen Seitenstraße. Modern-komfortable Einrichtung, gutes Frühstücksbüfett.

108 [I7] **Hotel Europa** €€€, Via Roma 8, Tel. 045 594744, www.veronahoteleuropa.com. **Ein Katzensprung zur**

Arena: modernes Haus gleich bei der Piazza Brà mit Komfortzimmern und eigener Garage.

109 [I8] **Hotel Firenze** €€€, Corso Porta Nuova 88, Tel. 045 8011510, www.hotelfirenzeveronacentro.com. **Komfort in idealer Lage:** Das moderne Haus mit 50 Zimmern befindet sich auf halbem Weg vom Bahnhof zur Piazza Brà (je 5 Min.). Elegante Komfortzimmer und reichhaltiges Frühstücksbüfett.

110 [J6] **Hotel Gabbia d'Oro** €€€, Corso Porta Borsari 4a, Tel. 045 8003060, www.hotelgabbiadoro.it. **Tradition hat ihren Preis:** der zweite Platzhirsch neben dem Due Torri. Wer Traditionen liebt und Geld loswerden will, ist hier richtig. Der Palast aus dem 18. Jh. an der Piazza delle Erbe wurde unter teilweiser Beibehaltung der historischen Holzdecken und Fresken in ein exquisites Hotel mit 27 Zimmern verwandelt. Mit Wintergarten und Garage.

111 [I7] **Hotel Mastino** €€, Corso Porta Nuova 16, Tel. 045 595388, https://hotelmastino.it. **Zentral und modern:** Dreisternehaus in toller Lage und zumindest in der Nebensaison mit günstigen Preisen. Die Zimmer nach hinten sind zu bevorzugen, gutes Frühstück.

112 [I8] **Hotel Trieste** €€€, Corso Porta Nuova 57, Tel. 045 596022, www.hoteltrieste.it. **Versteckte Annehmlichkeiten:** Das zwischen Bahnhof und Arena gelegene, stilvolle Haus mit 33 Zimmern ist farbenfroh und schick eingerichtet und sehr komfortabel.

Bed and Breakfast/Apartments

113 **Bei Romy Rocker** €€, Via Trezzolano 5a, www.bedandbreakfastromy.com, Tel. 045 988155, 4 km außerhalb zu Füßen der Lessiner Hügel. **Garten und Ruhe:** Der große Garten bietet einen Blick auf die Stadt, geräumige Zimmer mit eigenem Eingang.

114 [J5] **B&B Casa Panvinio** €€, Lungadige Panvinio 19, Tel. 045 8031251, www.casapanvinio.it. **Wohnen am Fluss:** Sechs individuell in bürgerlich-gediegenem Stil eingerichtete Zimmer in einem ansonsten unspektakulären Wohnhaus am Ufer der Etsch mit Blick in den Innenhof. Italienisches Frühstück.

115 [I8] **B&B Cittadella** €-€€, Vicolo Volto Cittadella 16, Tel. 045 4859217, www.cittadellavr.it. **Einfach und zentral:** 100 m von der Arena und 900 m vom Bahnhof gelegenes B&B mit einem Zimmer mit eigenem Bad und drei Zimmern, die sich weitere zwei Bäder teilen. Gutes Frühstück. Alle Zimmer mit Klimaanlage.

116 [J6] **B&B Opera Prima** €€€, Via A. Mario 11, www.bboperaprima.it, Tel. 338 8588763. **Luxus und Frühstück:** elegantes Bed and Breakfast, das sich in einer ruhigen Gasse einen Steinwurf von der Arena entfernt befindet. Jeglicher Komfort wie Klimaanlage, Internet usw., großzügige Bäder, elegante Einrichtung, Frühstück mit Blick auf die Arena.

117 [J5] **Corte delle Pigne** €€, Via Pigna 6a, Tel. 349 4495369, www.cortedellepigne.it. **Intim:** Lediglich drei nett eingerichtete Zimmer, gruppiert um einen lauschigen Innenhof. Dazu die stets auskunftsbereite, sympathische Besitzerin.

118 [K6] **Domus Nova** €€€, Piazza dei Signori, Tel. 320 4463811, www.domusnovaverona.com. **Komfort und Geschichte:** B&B mit hocheleganten Ambiente an der Piazza dei Signori mit Blick auf die Jahrhunderte – zentraler geht's nicht!

119 **Horse's House** €€, Via Apollo 1, Tel. 347 6834219, www.horseshouse.it. **Für Ruhesuchende:** angenehmer Familienbetrieb mit eleganten Zimmern und einem hübschen Garten inkl. Pool, verkehrsgünstig in den südlichen Stadtausläufern gelegen. Das Haus stammt aus den Anfängen des 20. Jh. Persönlicher Service.

MEIN TIPP

Ferien auf dem Bauernhof

Mehrere Agriturismo-Betriebe verstecken sich in den Hügeln nördlich der Altstadt. Zu erreichen sind sie auf der Ringstraße Via dei Colli/Via Torricelle, die an der Via Marsala nördlich des Ponte Pietra 16 beginnt.

Alle Torricelle liegt 5 km vom Zentrum entfernt. Auf dem bewirtschafteten Bauernhof mit eigener Tierzucht kommen Öl, Senf, Wein und Brot aus eigener Produktion auf den Tisch (Abendessen nur für Übernachtungsgäste).

- **127 Alle Torricelle** €-€€, Via Bonuzzo, Santa Anna 4, Tel. 045 8300230, www.agriturismotorricelle.com

Etwa 4 km sind es bis zum **Agriturismo Corte San Mattia** (s. S. 68) beim Weiler Sommavalle. Die 23 Zimmer und Ferienwohnungen sind elegant eingerichtet, der Blick auf die Altstadt ist einzigartig und das Essen ausgezeichnet.

Dritter im Bunde ist der **Agriturismo Il Pianetto,** der 3 km von Verona entfernt und verwandtschaftlich mit San Mattia verbunden ist. Die einfacheren Zimmer mit Frühstück (kein Restaurant) haben alle eine kleine Terrasse, vom großen Garten geht der Blick über die Hügelwelt Norditaliens.

- **128** [J1] **Il Pianetto** €€, Via dei Colli 49d, Tel. 045 8342416, www.ilpianetto.it

- **120** [L5] **Teatro Romano Easy Suites** €€, Vicolo Mustacchi 2, Tel. 393 8240649, www.feelhomeabroad.com/accomodation-10.php. **Stylish und hell:** zwei elegant gestaltete Suiten oberhalb des antiken Theaters mit eigenem Bad und Self-Check-in. Etwas klein geraten, dafür ist der Preis für die ruhige Lage und Ausstattung recht günstig. Keine Kochmöglichkeit.

Jugendherbergen

- **121** [J5] **Casa della Giovane** €, Via Pigna 7, Tel. 045 596880, www.protezionedellagiovane.it. **Männer bleiben draußen:** In unmittelbarer Nähe des Doms steht das Haus nur Mädchen und Frauen zur Verfügung. Mehrbettzimmer (inkl. Küchenbenutzung) und Apartments mit Kochmöglichkeit, keine Mahlzeiten. Übernachtung im Mehrbettzimmer 25 €.
- **122** [L5] **Ostello Santa Chiara** €, Via Santa Chiara 10, Tel. 045 590360, www.ostelloverona.it. **Übernachten im historischen Palazzo:** Mehrbettzimmer und ein kleines Apartment mit Küchenzeile, nur wenige Schritte vom Teatro Romano entfernt. Bett um die 20 €.
- **123** [M7] **The Hostello** €, Via Venti Settembre 80, Tel. 045 2218647, www.thehostello.com. **Zentrale Lage, tolles Flair und originelle Einrichtung:** Ein Bett im Mehrbettzimmer kostet in dieser Unterkunft um die 35 €.

Camping- und Caravanplätze

- **124 Agricampeggio Corte Finiletto**, Strada Bresciana 41, Tel. 340 6075017, www.cortefiniletto.it, geöffnet Mai–Sept. (oder nach Absprache). Camping auf einem Bauernhof 5 km westlich von San Zeno. Überschaubare Fläche, kleiner Spielplatz, Stromanschluss (6 €), Zeltplatz 16 € und 4,50 €/Person.
- **125** [G8] **Camper Area Porta Palio,** Via G. della Bona, www.amt.it/en/tourism/camper. Der Caravanplatz befindet sich in unmittelbarer Nähe des Bahnhofs. 24 Std. kosten 10 €. Saubere Stellplätze, jedoch kein Stromanschluss vorhanden.
- **126** [L4] **Camping Castel San Pietro,** Via Castel San Pietro 2, Tel. 045

592037, www.campingcastelsanpietro.com, geöffnet 10. Mai–15. Oktober. Tolle Lage oberhalb der Altstadt mit schattigen kleinen Terrassenplätzen. Es sind 15 Gehminuten bis ins Zentrum und es gibt sehr gute Sanitäreinrichtungen. Gebühren: Zeltplatz 26–39 €, ab der 3. Person 11/12 € zusätzlich, Mietcaravan 48–52 €, Parken 5–9 €.

Verhaltenstipps

So ist es gut

› In Norditalien ist **Pünktlichkeit** bei Verabredungen durchaus üblich – Ausnahmen gibt's natürlich, aber man sollte versuchen, die Regel zu sein.
› Wer auf der Universität einen **Titel** erworben hat, liebt es, mit diesem bezeichnet zu werden – wenn auch an den Titelerwerb des *dottore* in Italien nicht die gleichen hohen Anforderungen gestellt werden wie in Mitteleuropa.

So besser nicht

› Einen **Cappuccino nach 11 Uhr** zu trinken, bedeutet nichts anderes, als aus dem hohen Norden zu kommen und von *la dolce vita* nichts zu verstehen!
› Wer in einem *ristorante* **nur einen Gang bestellt,** zieht sich den Unmut des Personals zu. Man speist zumindest ein *primo* und ein *secondo* (erster und zweiter Gang). In der Pizzeria allerdings genügt ein Teigfladen plus Getränk.
› **Trinkgeld** nie in die Hand geben oder die Rechnung aufrunden – man lässt es auf dem Tisch liegen.

So keinesfalls!

› Das **Rauchen** in einem Lokal oder einem öffentlichen Gebäude ist **strikt untersagt** und wird mit hohen Geldstrafen belegt!
› Wer **Kirchen in unangemessener Kleidung betritt** (schulterfreies Oberteil, Shorts, Feinrippunterhemd usw.), ruft schnell den Küster auf den Plan.

So oder so

› Es ist nicht nötig, sein **Mobiltelefon** bei einem Gespräch auszuschalten, zumindest macht es „der Italiener an sich" nicht. Wenn es läutet, wird mit einem verzeihenden Blick und einem *scusi* mal eben der Gesprächspartner gewechselt.
› Eine **kleine Mahlzeit auf der Straße** ist in Verona erlaubt und für die Einheimischen ist es ganz selbstverständlich, *crostini* oder *tartine* aus der Hand zu verspeisen. Und wer Zeit hat, setzt sich für die Pause auf eine Bank oder geht in eine Bar.

Verkehrsmittel

Busse

Das **Busnetz** von Verona ist sehr dicht, die Nutzung unproblematisch. Allerdings sollte man beachten, dass auf den Linienplänen an den Haltestellen nicht immer alle Stationen eingezeichnet sind. Man kauft sich ein Ticket mit einer Gültigkeitsdauer von 90 Min. entweder in einem Tabacchi-Laden, an einer Parkuhr (für jeweils 1,50 €), im Bus (für 2 €) oder per Ticket-App (s. u.). Ein Tagesticket kostet 5 €. Mit der VeronaCard (s. S. 106) ist die Fahrt in den öffentlichen Verkehrsmitteln frei. Man beachte, dass die Nummerierung der Buslinien sich am Wochenende und teilweise auch abends mit dann eingeschränktem Verkehr ändert.

Einen detaillierten **Fahrplan** erhält man an den Verkaufsstellen der Verkehrsbetriebe ATV. Die **App Ticket Bus Verona** bietet Fahrpläne aller

Buslinien in und um Verona inklusive Haltestellensuchfunktion und Ticketkauf (kostenlos für iOS und Android, auch auf Deutsch).

- ℹ129 [H8] **Stadtbusse – Servizio urbano ATV,** Piazza Renato Simoni 12, Tel. 045 8871184, www.atv.verona.it
- › **Autostazione Porta Nuova (vor dem Bahnhof),** Fahrkarten tgl. 6.30–19 Uhr

Taxis

Verona wird von **Radiotaxis** versorgt. Die Tarife für kürzere Strecken sind vergleichsweise recht teuer, sodass es Sinn macht, dass man mit Kreditkarte zahlen darf. Das Losfahren vom Standplatz kostet am Tag 5 €, am Abend und in der Nacht 7 € (und am Tag der Arbeit 8,80 €), jeder Kilometer kostet zusätzlich 1,20–1,60 €. Von der Piazza Brà zum Bahnhof (2 km) gilt ein fester Tarif von 10 € (nachts/So. 12 €). **Taxi-Standplätze** sind an der Piazza Brà ❶, der Piazza delle Erbe ❽, an der Stazione Porta Nuova [G9] und an der Piazza San Zeno [F/G6]. Am Bahnhof muss man sich u. U. auf eine längere Wartezeit einstellen.

- › **Radio Taxi Verona:** Tel. 045 532666, www.radiotaxiverona.it

Wetter und Reisezeit

Reisezeit ist in Verona immer, ob im **Hochsommer** während der Opernsaison oder im tiefen **Winter**, wenn die Weihnachtsmärkte stimmungsvolle Atmosphäre schaffen. Wer die Berge liebt, aber abends städtisches Leben nicht missen will, kommt vorzugsweise im **Herbst**, wenn es unten im Tal schon etwas kühler wird, in den nahen Bergen aber das blaue Zelt die Gipfel überspannt und angenehme Temperaturen garantiert sind. Im **Frühjahr** locken hingegen der Karneval und die ersten Blumenwiesen am Gardasee.

Die **Sommer** sind durch die nahen Berge relativ ausgeglichen und werden nicht extrem heiß, wenn auch der Hochsommer in einer Stadt den einen oder anderen Besucher belasten mag.

Die **Winter** können hingegen durchaus eisig sein, besonders wenn der Wind die kalte Luft aus den Bergen durch die Straßenzüge pfeifen lässt. Doch wenn die Sonne herauskommt, findet man selbst in der kalten Jahreszeit schnell Leute, die sich auf den bereitstehenden Stühlen der Caféterrassen niederlassen.

Durchschnitt	Jan	Febr	März	Apr	Mai	Juni	Juli	Aug	Sept	Okt	Nov	Dez
Wetter in Verona												
Maximale Temperatur	6°	9°	13°	18°	22°	26°	29°	27°	24°	18°	12°	8°
Minimale Temperatur	0°	1°	5°	9°	12°	15°	17°	17°	14°	10°	6°	2°
Regentage	5	6	6	9	9	10	7	6	5	7	8	7

› *Die Liebe währt ewig, nicht aber die Liebesschlösser … sie werden regelmäßig entfernt*

ANHANG

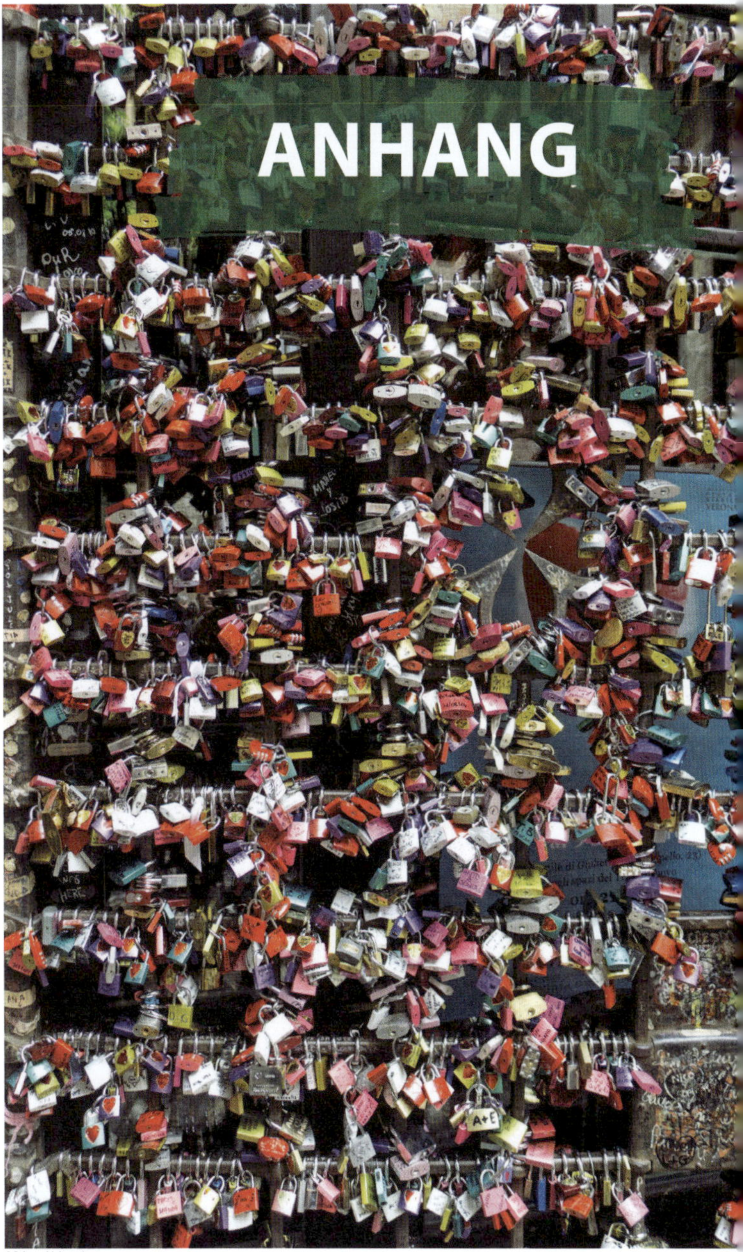

091ve Abb.: sk

Kleine Sprachhilfe Italienisch

Die Sprachhilfe entstammt den Kauderwelsch-Sprachführern **„Italienisch – Wort für Wort"** und **„Italienisch 3 in 1"** aus dem Reise Know-How Verlag.

Aussprache

Hier sind diejenigen Buchstaben(kombinationen) aufgeführt, deren Aussprache abweichend vom Deutschen ist bzw. sein kann.

ie, ai, eu	Doppellaute werden immer getrennt ausgesprochen, also „i-e", „a-i", „e-u".
c	wie „k" vor den Selbstlauten a, o, u; wie „tsch" in „Matsch" vor den Selbstlauten e, i
ch	wie „k"
g	wie „g" vor den Selbstlauten a, o, u; wie „dsch" in „Dschungel" vor den Selbstlauten e, i
gh	wie „g"
gli	wie „lj"
gn	wie „nj" in „Tanja"
h	stumm, wird nicht gesprochen
r	gerolltes Zungenspitzen-r
s	am Wortanfang immer stimmloses „s" wie in „Bus"; in der Wortmitte zwischen Selbstlauten stimmhaftes „s" wie in „Rose"
st	spitzes „st" wie in „Hast"
v	wie „v" in „Vase"
z	stimmhaftes „ds" wie in „Rundsaal"

Zahlen

0	*zero*	16	*sedici*	50	*cinquanta*
1	*uno*	17	*diciassette*	60	*sessanta*
2	*due*	18	*diciotto*	70	*settanta*
3	*tre*	19	*diciannove*	80	*ottanta*
4	*quattro*	20	*venti*	90	*novanta*
5	*cinque*	21	*ventuno*	100	*cento*
6	*sei*	22	*ventidue*	200	*duecento*
7	*sette*	23	*ventitré*	300	*trecento*
8	*otto*	24	*ventiquattro*	400	*quattrocento*
9	*nove*	25	*venticinque*	500	*cinquecento*
10	*dieci*	26	*ventisei*	600	*seicento*
11	*undici*	27	*ventisette*	700	*settecento*
12	*dodici*	28	*ventotto*	800	*ottocento*
13	*tredici*	29	*ventinove*	900	*novecento*
14	*quattordici*	30	*trenta*	1000	*mille*
15	*quindici*	40	*quaranta*	2000	*duemila*

Die wichtigsten Richtungsangaben

(a) sinistra	(nach) links	*indietro*	zurück
(a) destra	(nach) rechts	*vicino*	nah
diritto	geradeaus	*lontano*	weit

+++ Die wichtigsten Wörter mit dem Bonus-Audiotrack des Kauderwelsch-

qui, qua	hier	*all'angolo*	an der Ecke
lì, là	dort	*all'incrocio*	an der Kreuzung
accanto	nebenan	*al semaforo*	an der Ampel
di fronte	gegenüber	*in centro*	im Zentrum
davanti	vor, vorne	*fuori città*	außerhalb der Stadt

Die wichtigsten Fragewörter

chi?	wer?	*quando?*	wann?
che (cosa)?	was?	*perchè?*	warum?
come?	wie?	*quanto?*	wieviel?
dove?	wo(hin)?	*quanti/-e?*	wie viele?
di/da dove?	woher?	*quale?*	welche(r)?

Die wichtigsten Zeitangaben und Wochentage

oggi	heute	*(più) tardi*	spät(er)
domani	morgen	*di mattina*	morgens
dopodomani	übermorgen	*a mezzogiorno*	mittags
ieri	gestern	*di sera*	abends
l'altro ieri	vorgestern	*di notte*	nachts
adesso, ora	jetzt	*lunedì*	Montag
subito	sofort	*martedì*	Dienstag
fra poco	bald	*mercoledì*	Mittwoch
sempre	immer	*giovedì*	Donnerstag
prima	vorher	*venerdì*	Freitag
dopo	nachher	*sabato*	Samstag
(più) presto	früh(er)	*domenica*	Sonntag

Die wichtigsten Fragen und Bitten

Gibt es ...?	*C'è ...?*
Ich brauche ...	*Ho bisogno di ...*
Ich möchte / Ich will ...	*Vorrei ... / Voglio ...*
Geben Sie mir bitte ...	*Mi dia ..., per favore.*
Wo kann man ... kaufen?	*Dove si può comprare ...?*
Wieviel kostet ...?	*Quanto costa / viene ...?*
Wieviel kostet das?	*Quanto costa?*
Was ist das?	*Che cosa è questo?*
Wo ist / befindet sich ...?	*Dov'è ...?*
Ich möchte nach ... fahren	*Vorrei andare a ...*
Wie komme ich nach ...?	*Come faccio ad andare a ...?*
Wieviel kostet die Fahrt nach ...?	*Quanto costa il viaggio per ...?*
Ist das der Zug nach ...?	*È questo il treno per ...?*
Wann fährt der Bus nach ... ab?	*A che ora parte l'autobus per ...?*
Bringen Sie mich bitte zu / nach ... (im Taxi)	*Mi porti a ..., per favore.*

Die wichtigsten Floskeln und Redewendungen

ja - nein	*sì - no*
bitte (um etw. bitten)	*per favore*
Bitteschön! (anbieten)	*Prego!*
(Vielen) Dank!	*Grazie (tanto)!*
Keine Ursache!	*Di niente! / Non c'è di che!*
Guten Morgen / Tag!	*Buongiorno!*
Guten Abend!	*Buona sera!*
Herzlich willkommen!	*Benvenuto! / Benvenuta!*
Wie geht es dir / Ihnen?	*Come stai / sta?*
(Sehr) gut. - Schlecht.	*(Molto) bene. - Male.*
Auf Wiedersehen! (du / Sie)	*Arrivederci! / ArrivederLa!*
Hallo!, Tschüss!	*Ciao!*
Bis später! / Bis morgen!	*A più tardi! / A domani!*
In Ordnung!	*Va bene!, D'accordo!*
Ich weiß (es) nicht.	*Non (lo) so.*
Guten Appetit!	*Buon appetito!*
Zum Wohl!, Prost!	*Salute!, Cin cin!*
Die Rechnung, bitte!	*Il conto, per favore!*
Entschuldige/n Sie!	*Scusa! / Scusi!*
Es tut mir leid!	*Mi dispiace.*
Gestatten!, Darf ich?	*Permesso?*
(Sehr) gern!	*(Molto) volentieri!*
Sag / sagen Sie mir!	*Dimmi! / Mi dica!*
Helfen Sie mir bitte!	*Mi aiuti, per favore!*
Hilfe!	*Aiuto!*

Nichts verstanden? – Weiterlernen!

Ich spreche nicht gut Italienisch.	*Non parlo bene l'italiano.*
Ich möchte Italienisch lernen.	*Vorrei imparare l'italiano.*
Wie bitte?	*Come?*
Was haben Sie gesagt?	*Come ha detto?*
Ich habe nicht verstanden!	*Non ho capito!*
Sprechen Sie Englisch?	*Parla l'inglese?*
Wie sagt man auf Italienisch?	*Come si dice in italiano?*
... auf Deutsch	*... in tedesco*
... auf Englisch	*... in inglese*
... auf Französisch	*... in francese*
... auf Niederländisch	*... in olandese*
Wie spricht man dieses Wort aus?	*Come si pronuncia questa parola?*
Wiederholen Sie bitte!	*Ripeta, per favore!*
Können Sie bitte langsamer sprechen?	*Può parlare più lentamente, per favore?*
Können Sie mir das bitte aufschreiben?	*Me lo può scrivere, per favore?*

Im Restaurant bestellen

Können wir bitte die Speisekarte / Getränkekarte haben?	*Possiamo avere il menù / la lista delle bevande, per favore?*
Wir möchten bitte bestellen.	*Vorremmo ordinare.*
Was können Sie uns empfehlen?	*Cosa ci consiglia?*
Was ist das Tagesgericht?	*Cos'è il piatto del giorno?*
Was sind die Spezialitäten der Gegend?	*Quali sono le specialità della regione?*
Ich nehme als Vorspeise / ersten Gang / zweiten Gang ...	*Prendo come antipasto / primo piatto / secondo piatto ...*
Die Rechnung, bitte.	*Il conto, per favore.*
Stimmt so, danke.	*Va bene così, grazie.*

Die wichtigsten Einkaufsfloskeln

Ich suche ...	*Cerco ...*
Haben Sie ...?	*Ha ...?*
Wo kann ich ... finden?	*Dove posso trovare ...?*
Gibt es hier einen Markt?	*C'è un mercato qui?*
Wo ist der nächste Supermarkt?	*Dov'è il supermercato più vicino?*
Könnten Sie mir bitte helfen?	*Mi potrebbe aiutare, per cortesia?*
Ich hätte gern ...	*Vorrei ...*
Geben Sie mir bitte ...	*Mi dà ..., per favore.*
Wie viel kostet das?	*Quanto costa?*
Wie viel kostet das Kilo?	*Quanto costa al chilo?*
Etwas weniger / mehr, bitte.	*Un po' di meno / più, per favore.*
Danke, das genügt.	*Basta così, grazie.*
Danke, das ist alles.	*Grazie, è tutto.*
Um wie viel Uhr öffnen / schließen Sie?	*A che ora apre / chiude?*

Die wichtigsten Begriffe im Restaurant

menù	Speisekarte	*antipasto*	Vorspeise
primo	erster Gang	*secondo*	zweiter Gang
dessert (m)	Nachspeise	*porzione (w)*	Portion
piatto del giorno	Tagesgericht	*lista delle bevande*	Getränkekarte
piatto	Teller	*tazza*	Tasse
vino	Wein	*birra*	Bier
acqua	Wasser	*pane (m)*	Brot
bottiglia	Flasche	*bicchiere (m)*	Glas
coperto	Gedeck	*posate*	Besteck
forchetta	Gabel	*coltello*	Messer
cucchiaio	Löffel	*minestra*	Suppe
carne (w)	Fleisch	*pesce (m)*	Fisch
frutta	Obst	*verdura*	Gemüse
contorno	Beilage	*insalata*	Salat

Zugspitze, Foto: Aneta Niemitz

Register

Lebhaftes Markttreiben auf der Piazza delle Erbe 8 *mit dem reich verzierten Palazzo Maffei im Hintergrund*

221ve Abb.: sk

Impressum

Daniela Schetar, Friedrich Köthe

CityTrip Verona

9., neu bearbeitete und aktualisierte Auflage 2024

ISBN 978-3-8317-3922-6

Printed in Germany

Druck und Bindung:
mediaprint solutions GmbH, Paderborn

Herausgeber: Klaus Werner
Layout: amundo media GmbH (Umschlag, Inhalt), Peter Rump (Umschlag)
Lektorat: amundo media GmbH
Karten: Ingenieurbüro K. Wendler, amundo media GmbH
Anzeigenvertrieb: KV Kommunalverlag GmbH & Co. KG, Alte Landstraße 23, 85521 Ottobrunn, Tel. 089 928096-0, info@kommunal-verlag.de
Kontakt: Reise Know-How Verlag Peter Rump GmbH, Osnabrücker Str. 79, 33649 Bielefeld, Deutschland, Tel. +49-521-946490, info@reise-know-how.de

Alle Angaben in diesem Buch sind gewissenhaft geprüft. Preise, Öffnungszeiten usw. können sich jedoch schnell ändern. Für eventuelle Fehler übernehmen Verlag wie Autoren keine Haftung.

Bildnachweis

Umschlagvorderseite: ©Tito Slack, stock.adobe.com | Umschlagrückseite: ©saiko3p, stock.adobe.com | Umschlagklappe rechts: Daniela Schetar und Friedrich Köthe (die Autoren)
Soweit ihre Namen nicht vollständig am Bild vermerkt sind, stehen die Kürzel an den Abbildungen für die folgenden Fotografen, Firmen und Einrichtungen. Daniela Schetar und Friedrich Köthe: sk

CITYATLAS

007ve Abb.: sk

0 10 km

Condino
Cimego
Lenzumo
Concei
Enguiso
Campi
Riva del Garda
Arco
Gavazzo
S. Giorgio
Nago
Torbole
Coletto di Cadino 1943
Valle d. Caffaro
2203
Condino
237
Tiarno
240
Bezzecca
Mezzolago
L. di Ledro
Val di Ledro
Val d'Ampola
Biacesa
M. delle Palafitte
Legos
Ca' Rossa
Storo
Darzo
M. Tremalzo 1974
M. Carone 1621
Pregasina
Coletto d. Crocette 2070
Lodrone
Bagolino
Limone s. Garda
M. Altissimo di Nago 2079
Dosso Alto 2065
Bondone
Tremosine
M. Cingla 1669
Magasa
M. Púria 1476
249
45bis
Corna Zeno 1619
Anfo
Lago d'Idro (Eridio)
Valvestino
Arias
Malcesine
ca Bassa
Capovalle
Tignale
40
Lavenone
Idro
237
Lemprato
L. di Valvestino
Val Toscolano
Monte Baldo
Cma. Valdritta 2218
Sommavilla
Vestone
Chiese
Treviso Bresciano
M. Zingla 1497
M. Maggiore 2200
Brenzone
Brentino Belluno
Nozza
Gargnano
Castelletto di Brenzone
M. Pizzócolo 1582
Bogliaco
Villa Bettoni
Ferrara di M. Baldo
Sabbio Chiese
Gaino
Pai
Lago di Garda (Benaco)
Vobarno
Saníco
Toscolano-Maderno
Spiazzi
Odolo
Colomber
237
45bis
249
S. Zeno d. Montagna
Braga
Canale Biffis
Gazzane
Pazzon
Roè
Gardone Riviera
11
Caprino Veronese
Vallio Terme
Volciano
Castion Ver.
34
Villanuova s. Clisi
Salò
Torri d. Benaco
Pésina
A22
Dolcè
866
S. Giacomo
Portese
Incisioni rupestri
Rock drawings
Zuane
Gavardo
S. Felice d. Benaco
Costermano
Ceraino
Cávalo
Puegnago s. Garda
Garda
Monte
Muscoline
Rivoli Veron.
Prevalle
19
20
Polpenazze del Garda
Manerba del Garda
Affi
Bardolino
Volargne
Paitone
Calvagese d. Riv.
Cavaion Veronese
572
S. Ambrogio di Valpolicella
45bis
Carzago d. Riv.
Soiano d. Lago
Moniga del Garda
Calmasino
Sega
E 45
S. Pietro in Cariano
450
Bedizzole
Padenghe s. Garda
Sirmione
Lazise
Pastrengo
14
Adige
Sedena
Ponte S. Marco
13
Desenzano del Garda
Cola
Bussolengo
Pescantina
249
Lonato
15
Colombare
Sandrà
A4
Palazzolo
S. Benedetto
Peschiera del Garda
Castelnuovo del Garda
Rivoltella
6
9
Calcinato
11
12
Lugagnano
8
E 70
7
4
S. Giorgio in Sàlici
Sona
Montichiari
10
S. Pietro
54
5
Olioz
12
Sommacampagna
Castiglione delle Stiviere
Pozzolengo
Ponti s. Mincio
Aeroporto di Verona
236
343
Monzambano
Ossário
Solferino
Birthplace of the Red Cross
Valeggio sul Mincio
9
62
Carpenedolo
Olfino
Povegliano Veronese
Mezzane
Cavriana
19
Villafranca di Verona
Medole
23
Volta Mantovana
249
Quaderni
Pizzoletta
Chiese
Grezzano
Guidizzolo
Tirolo
Pozzolo
Malavicina
Mozzecane
Nogarole Rocca
Acquafredda
Castel
Birbesi
12

Der hier abgebildete Kartenausschnitt entstammt der **Landkarte „Italien, Nord“** (world mapping project™) im Maßstab 1 : 400.000.

1 cm = 75 m

100 m

Arena
Etsch
Navigatori
Via
Lungadige
Via Antoniotto Usodimare
Ferdinando
Via Alvise Mocenigo
Via Ambrogio Contarini
Magellano
Via Giovanni da Verrazzano
Catena
Via Melchiore Maldonado
Via Vasco da Gama
Lungadige Attiraglio
Os Civile
Ponte Catena
Viale Cristoforo Colombo
Via Porta Catena
Bastione di Spagna
Campo Sportivo
Cangrande
Via Lega Veronese
Via Tomaso da Vico
Via del Carroccio
Via Riva di Villasanta
Bastione di S. Procolo
Viale Colombo
Via Rotaldo
Via Re Pipino
Via Spagna
Via di Canossa
Porta Fura
Lungadige
Via Torretta
Via Campetto
Via Carroccio
Ponte Risorgimento
Via Raterio
Frate
Via Pontida
San Zeno
Vicolo Porton Rosso
Campo Sportivo
Porta San Zeno
Vicolo Cere
Vicolo Broglio
Vicolo Abazia
Basilica di San Zeno
26
Via Cicale
Bersaglierie
Via Caserma Chiodo
10
25
Via Porta San Zeno
Piazza San Zeno
63
30
Via Barbarani
Via S. Giuseppe
Bastione di San Zeno
Circonvallazione
Piazza Pozza
Piazza Corrubbio
45
Via Galliano
Vicolo Fossetto
Via Lenotti
Scarsellini
Via Volto Cieco Poler
Centro Nuoto G. Conti
4
5
6
F
G

☐ Liste der Karteinträge Seite 140

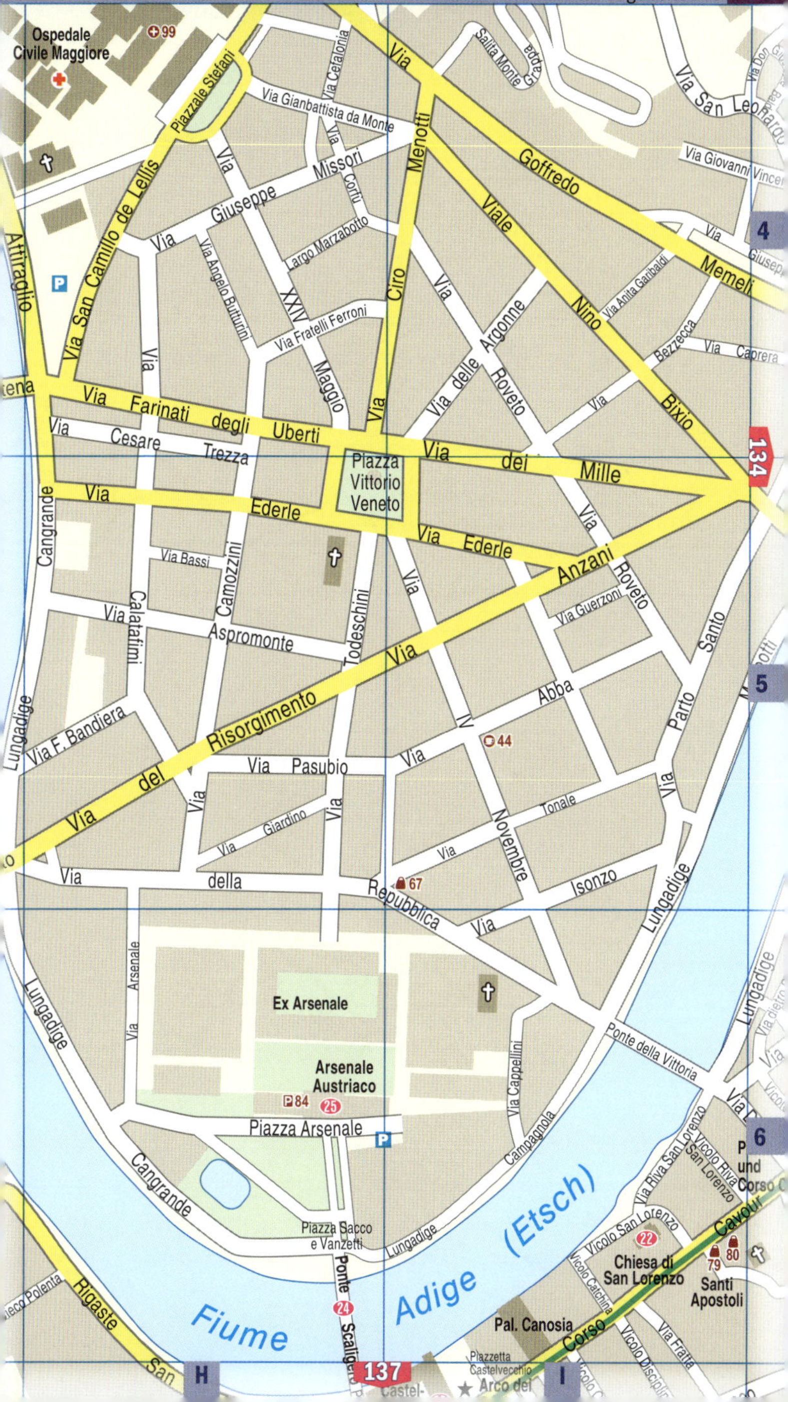

1 cm = 75 m 100 m

4
5
6
J
K
133
138
Via Ippolito Nievo
Via Marsala
Via Mentana
Via Teano
Via Quarto
Via Monte Suello
Via Castello
Via Gazzera
Via Severo
Tirapelle
Via Don Giuseppe Baldo
Leonardo
Giovanni Vincenti
Via San Leonardo
Giuseppe Sirtori
Via Breccia S. Giorgio
Via Moschini
Vicolo Derelitto
Via Cigno
Via Madonna del Terraglio
Via San Carlo
Porta S. Giorgio
Caprera
Porta San Giorgio
Viale Gabriele D'Annunzio
Via San Alessio
Via San Stefano
Piazzetta San Giorgio
Chiesa di San Giorgio in Braida
Chiesa San Stefano
Vicolo Cieco Zini
Lungadige San Giorgio
Scalone Castel San Pietro
Duomo Santa Maria Matricolare
Museo Canonicale
Biblioteca Capitolare
Vicolo Sabbionaia
Ponte Pietra
Teatro Romano e Museo Archelogico
Piazza Martiri della Libertà
Via Redentore
Lungadige
Fiume Adige
Ponte Giuseppe Garibaldi
Matteotti
Lungadige Riva Battello
Vicolo Salici
Via Salici
Arcidiacono Pacifico
Piazza Duomo
Via Pietà Vecchia
Vicolo Brollo
Vicolo Fontanelle
Vicolo Accolti
Via Volto Fontane
Via Cappelletta
Via Santa Felicita
Piazzetta Brà Molinari
Via San Giusto
Vicolo Cieco Fontane
Via Pigna
Via Duomo
Vicolo Cieco San Clemente
Piazzetta S. Maria Solaro
Via Barchetta
Via de Canal
Bernardo
Via San Giacomo alla Pigna
Via Augusto Verità
Basilica di Sant' Anastasia
Via Massalongo
Via Don Bassi
Sottoriva
Lungadige Donatelli
Re Teodorico
Panvinio
Vicolo Sole
Via Sole
Via Cadrega
Museo Miniscalchi-Erizzo
Via Giuseppe Garibaldi
Vicolo S. Pietro in Monastero
Via Libera
Via San Mamaso
Via S. Egidio
Via Achille Forti
Vicolo Rosa
Via Rosa
Vicolo 2 Mori
Vicolo S. Cecilia
Corso Sant' Anastasia
Via San Pietro Martire
Vicolo Gatto
Vicolo 2 Stelle
Via San Salvatore Vecchio
Via Enrico De Nicolis
Via Emilei
Vicolo Cavalletto
Via S. Maria Chaviça
Via Trota
Haus des Romeo
Vicolo Regiri
Piazza dei Signori
Chiesa di S. Eufemia
Lungadige
Via dietro S. Eufemia
Via Francesco
Via Fama
Corte Sgarzerie
Piazza delle Erbe
Via S. Maria Antica
Cortile del Tribunale
Scaliger-gräber
Via Ponte Nuovo
Garibaldi
Via Dante Alighieri
Via al Cristo
Ponte Nuovo del Popolo
Lungadige Sammicheli
Corte San Giovanni in Foro
Via S. Eufemia
Vicolo Cieco Monachine
Corso Porta Borsari
Vicolo Corticella San Marco
Torre dei Lamberti
Via Cairoli
Piazza Francesco Viviani
Piazza Indipendenza
Via Nizza
Via Adua
Vicolo Ostie
Via 4 Spade
Via Pellicciai
Via Quintino Sella
Via Portici
Vicolo Corte Spagnola
Via Mazzanti
Vicolo Crocioni
Casa di Giulietta
Via S. Salvatore Corte Regia
Via Diaz
Porta Borsari und Corso Cavour
Corso Cavour
Vicolo San Matteo
Via Rocchetto
Via Stella
Via Cappello
Via dietro San Sebastiano
Vicolo San Sebastiano
Via Amanti
Bartolomeo Rubele
Santi Apostoli
Via Antonio Cantore
Via Farina
Galleria Pellicciai
Via Valerio Catullo
Vicolo Balena
Vicolo Mazzini
Via Mazzini
Vicolo Scala
Piazzetta Scala
Via G. Oberdan
Vicolo Rensi
Vicolo del Guasto
Via Enrico Noris
Via Volto Scala
Vicolo Stella
Via Giovanni Zambelli
Porta Leoni
Vicolo Leoni
Vicolo Volto Leoni
Via Mario Alberto
Vicolo S. Marchetti
Via San Nicolò
Via Anfiteatro
Vicolo Conventino
Vicolo dietro S. Andrea
Via Leoni

☐ Liste der Karteinträge Seite 140

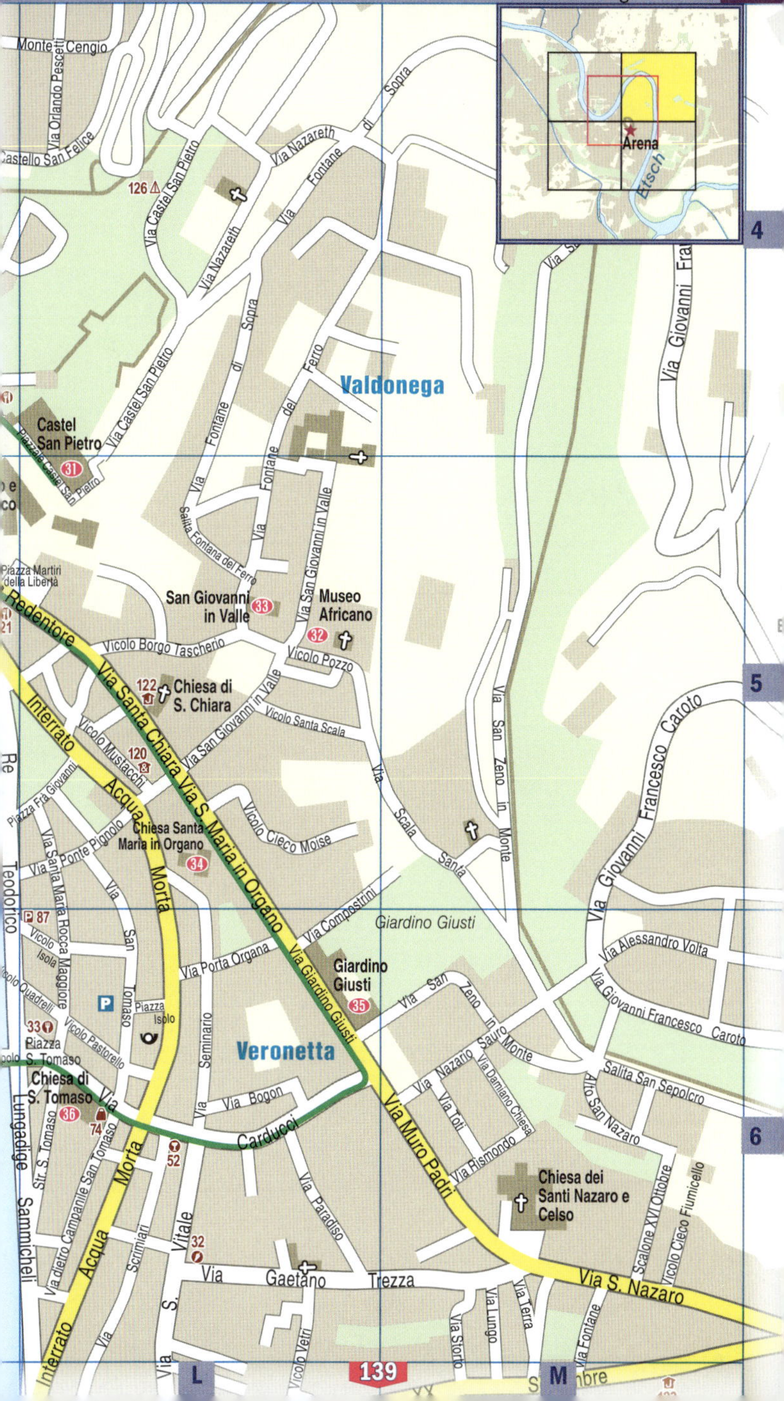

1 cm = 75 m

100 m

132

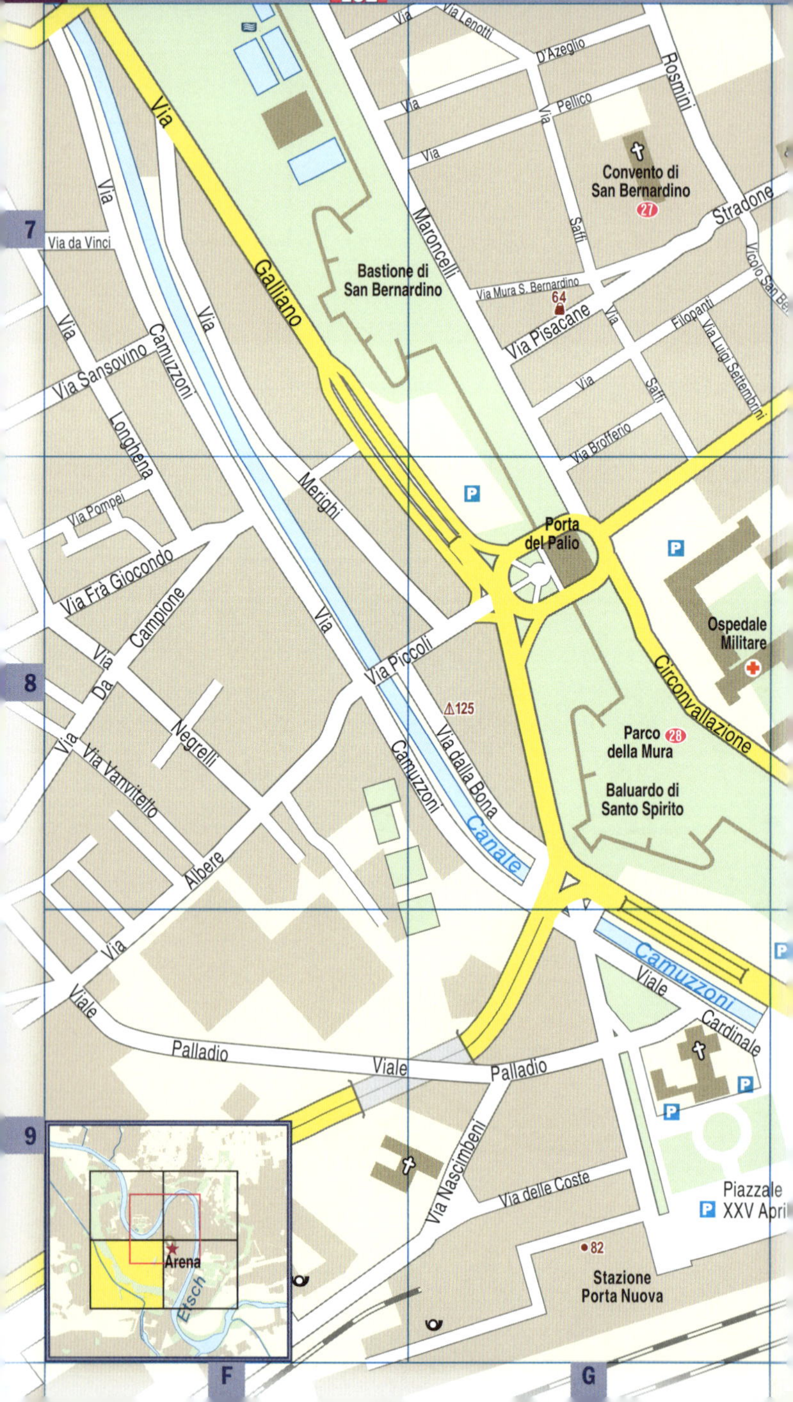

133
138
Castelvecchio
Arco dei Gavi
Castel-vecchio
Chiesa di San Zeno in oratio
Corso Castelvecchio
Via Roma
Museo Lapidario Maffeiano
Portoni della Brà
Palazzo della Gran Guardia
Stradone Porta Palio
Via Antonio Provolo
Chiesa di Santa Teresa di Scalzi
Via G. Marconi
Via Sant'Antonio
Via Daniele Manin
Via Nuova
Piazza Pradeval
Via Valverde
Via della Valverde
A.C.I.
Via Bentegodi
Via Battisti
Via Kessler
Via Giberti
Via Berni
Piazza Simoni
Via Città di Nimes
Via Locatelli
Via dal Fabbro
Via D'Acquisto
Corso Porta Nuova
Cittadella
Via Minatore
Via Trainotti
Via Carrista
Via Oriani
Via Raggio di Sole
Baluardo di Riformati
Porta Nuova
Piazzale Porta Nuova
Baluardo di Trinità
Giardino
Girolamo
Stazione Autolinee
Viale del Piave
Via Faccio
Via Foroni
Via Fedrigoni
Via Ascari
H
I
7
8
9

1 cm = 75 m 100 m

134
137
Arena
Piazza Brà
Piazzetta Scalette Rubiani
Piazza Barbieri
Piazza Mura Gallieno
Pal. Municipale
S. Nicolò
Chiesa San Fermo Maggiore
Chiesa di S. Pietro Incarnario
Shakespeare Interactive Museum
Ponte delle Navi
Piazza Cittadella
Stradone San Fermo
Stradone Scipione Maffei
Largo Divisione Pasubio
Via Pallone
Ponte Aleardi
Porto Vittoria Nuova
Lungadige Porta Vittoria
Grab der Julia und Freskenmuseum
Chiesa di Santissima Trinita
Via Zanpatore
Corte Zanconati
Via Montecchi
Tribunale
Adige
Fiume
Lungadige Galtarossa
Via dell Autiere
Ponte S. Francesco
Giardino Raggio di Sole
Via Basso Acquar
Via Leoncino
Via Dogana
Via S. Trinita
Via Montanari
Via Lanciere
Via Pontetiere
Via Capuleti
Via Shakespeare
Via Franceschine
Via Ponte Aleardi
Vicolo Terese
Vicolo Croce Verde
Vicolo S. Domenico
Via Vicolo Stimate
Via Torre Pentagona
Via Adigetto
Via Caserma Ospital Vecchio
Via Tezone
Via Grazioli
Via Grioli
Via Poma
Via Maggi
Via Campo
J
K
7
8
9

☐ Liste der Karteinträge Seite 140

135

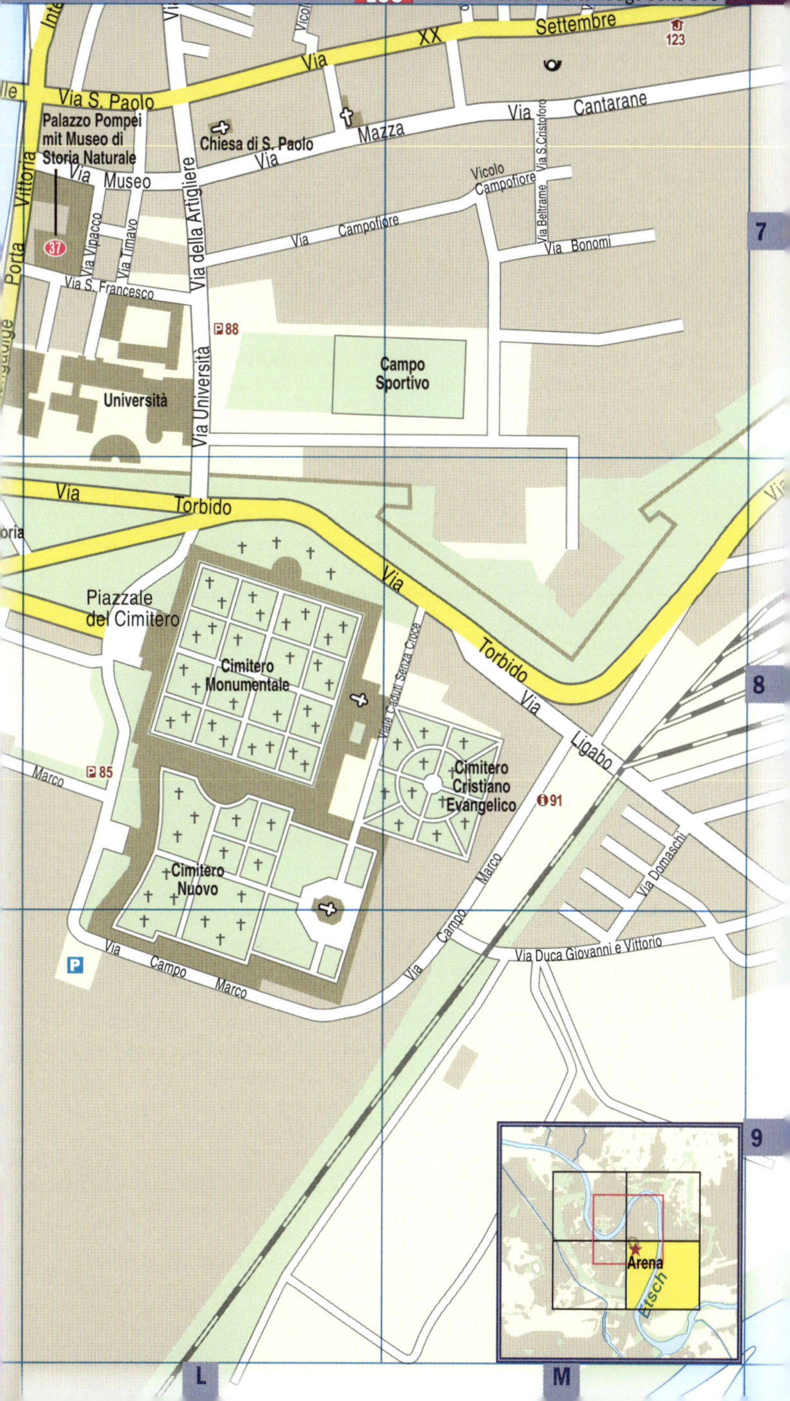

Liste der Karteneinträge

1 [J7] Piazza Brà S. 14
2 [J7] Arena S. 15
3 [I7] Palazzo della Gran Guardia S. 17
4 [I7] Portoni della Brà S. 17
5 [I7] Museo Lapidario Maffeiano S. 17
6 [J7] Via Mazzini S. 18
7 [J6] Corte Sgarzerie S. 18
8 [J6] Piazza delle Erbe S. 19
9 [K6] Palazzo del Comune mit Torre dei Lamberti S. 20
10 [K6] Piazza dei Signori S. 22
11 [K6] Skaligergräber S. 23
12 [K6] Haus der Julia S. 25
13 [K6] Haus des Romeo S. 26
14 [K6] Via Cappello mit Porta Leoni S. 26
15 [K5] Basilica di Sant' Anastasia S. 28
16 [K5] Ponte Pietra S. 31
17 [J5] Duomo Santa Maria Matricolare S. 32
18 [J5] Museo Canonicale S. 34
19 [J5] Biblioteca Capitolare S. 34
20 [J5] Museo Miniscalchi-Erizzo S. 35
21 [J6] Porta Borsari und Corso Cavour S. 36
22 [I6] Chiesa San Lorenzo S. 38
23 [I7] Castelvecchio S. 39
24 [H6] Ponte Scaligero S. 41
25 [H6] Arsenale Austriaco S. 41
26 [G6] Basilica di San Zeno S. 42
27 [G7] Convento di San Bernardino S. 44
28 [G8] Parco della Mura S. 45
29 [K4] Chiesa di Santo Stefano S. 46
30 [K5] Teatro Romano und Museo Archeologico S. 47
31 [L5] Castel San Pietro S. 49
32 [L5] Museo Africano S. 50
33 [L5] San Giovanni in Valle S. 50
34 [L5] Chiesa Santa Maria in Organo S. 51
35 [L6] Giardino Giusti S. 51
36 [L6] Chiesa San Tomaso Cantuariense S. 52
37 [L7] Palazzo Pompei mit Museo di Storia Naturale S. 53
38 [K7] Chiesa San Fermo Maggiore S. 54
39 [K7] Shakespeare Interactive Museum S. 55
40 [K8] Grab der Julia und Freskenmuseum S. 55

1 [F6] Osteria Abazia S. 43
2 [K7] Antica Trattoria Al Bersagliere S. 65
3 [J7] Bottiglieria & Ristorante Corsini S. 65
4 [K6] Caffè Dante Bistrot S. 65
5 [J6] Casa Perbellini S. 65
6 [K6] Da Ruggero Locanda S. 65
7 [K5] Hostaria La Vecchia Fontanina S. 66
8 [K6] La Taverna di Via Stella S. 66
9 [K5] Osteria Alcova del Frate S. 66
10 [I7] Osteria Casa Vino S. 66
11 [K5] Osteria Giulietta e Romeo S. 66
12 [I7] Osteria Il Ciottolo S. 66
13 [K6] Osteria La Fregola S. 66
14 [J6] Osteria Le Vecete S. 66
15 [K5] Osteria Sottoriva S. 67
16 [J5] Puzzle Ristorante S. 67
17 [K5] Ristorante Antica Torretta S. 67
18 [K6] Ristorante Arche S. 67
19 [J6] Ristorante Greppia S. 67
20 [J6] Ristorante/Pizzeria Corte Farina S. 67
21 [K5] Ristorante/Pizzeria Redentore S. 67
22 [K4] Ristorante Re Teodorico S. 67
23 [J6] Ristorante Sant'Eufemia S. 67
24 [J6] Tapasotto S. 68
25 [F6] Trattoria Ai Piloti S. 68
26 [J3] Locanda San Leonardo S. 68

Berühmteste Hinterlassenschaft der Römer und Austragungsort der Opernfestspiele – die Arena 2 dominiert Veronas Altstadt

Hier nicht aufgeführte Nummern liegen außerhalb der abgebildeten Karten. Ihre Lage kann aber wie die von allen Ortsmarken im Buch mithilfe der Web-App angezeigt werden (s. S. 143).

Verona mit PC, Smartphone & Co.

QR-Code auf dem Umschlag scannen oder **www.reise-know-how.de/citytrip/verona24** eingeben und die **kostenlose Web-App** aufrufen (Internetverbindung zur Nutzung nötig)!

★ **Anzeige der Lage und Satellitenansicht aller** beschriebenen Sehenswürdigkeiten und touristisch wichtigen Orte
★ **Routenführung** vom aktuellen Standort zum gewünschten Ziel
★ **Exakter Verlauf** des empfohlenen Stadtspaziergangs
★ **Audiotrainer** der wichtigsten Wörter und Redewendungen
★ **Updates** nach Redaktionsschluss

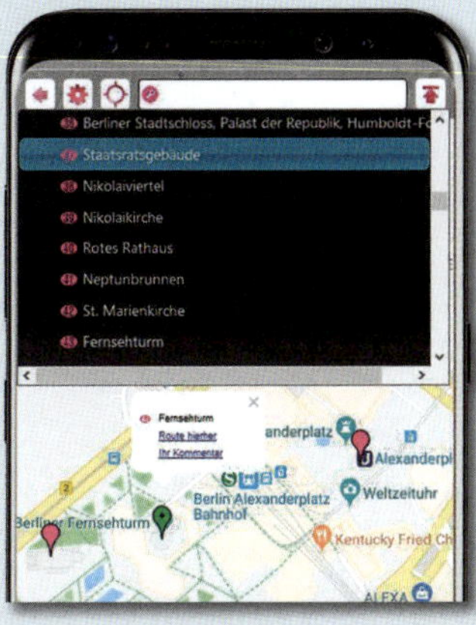

GPS-Daten zum Download

Die GPS-Daten aller Ortsmarken und des Spaziergangs stehen auf der Produktseite des Titels auf www.reise-know-how.de zum Download zur Verfügung.

Stadtplan für mobile Geräte

Um den Stadtplan auf Smartphones und Tablets nutzen zu können, empfehlen wir die App „Avenza Maps" der Firma Avenza™. Über die Funktion „Store" kann die „Citymap Verona 2024" kostenlos geladen werden.

Unsere App-Empfehlungen zu Verona

› **Centro Meteo Italiano:** ausführliche Wettervorhersagen von einem der größten Meteorologischen Institute Italiens (kostenlos für iOS und Android)
› **Ticket Bus Verona:** Fahrpläne aller Buslinien in und um Verona inkl. Haltestellensuchfunktion und Ticketkauf (kostenlos für iOS und Android, auch auf Deutsch)
› **Verona Bike:** App für den gleichnamigen Radverleih mit Anzeige der Stationen und Abrechnung (für Android oder iOS)

Benutzungshinweise

Cleveres Nummernsystem

Die Sehenswürdigkeiten sind im Text und im Kartenmaterial mit derselben **magentafarbenen ovalen Nummer** 1 markiert. Alle anderen Lokalitäten wie Geschäfte, Restaurants usw. tragen ein **Symbol und eine fortlaufende rote Nummer** (**1**).

Bewertung der Sehenswürdigkeiten

★★★ nicht verpassen
★★ besonders sehenswert
★ wichtig für speziell interessierte Besucher

Planquadrat im Kartenmaterial

[A1] Orte ohne diese Angabe liegen außerhalb unserer Karten. Alle Ortsmarken werden in der buchbegleitenden Web-App angezeigt (s. S. 143).

Der Schmetterling ...

zeigt an, wo man Angebote im Bereich des nachhaltigen Tourismus findet.

Kinder-Tipps

Das Symbol kennzeichnet Sehenswertes, Unterkünfte und Aktivitäten, an denen auch kleine Urlauber ihre Freude haben.

MEIN TIPP

Persönliche Empfehlungen des Autors bzw. der Autoren.

Updates zum Buch

www.reise-know-how.de/citytrip/verona24

Preiskategorien

Gastronomie

€ bis 30 €
€€ 30–50 €
€€€ ab 50 €

Die Preise gelten für ein Menü mit Vorspeise (oder Primo), Hauptspeise und Nachtisch ohne Getränke.

Unterkünfte

€ bis 75 €
€€ 75–160 €
€€€ ab 160 €

Die Preise gelten für ein Doppelzimmer mit Frühstück.

Vorwahlen

- **für Italien:** 0039
- **für Verona:** 045 (Ortsvorwahl immer mitwählen)

Zeichenerklärung

11 Hauptsehenswürdigkeit
[L6] Verweis auf Planquadrat

Arzt, Krankenhaus
Bar, Bistro, Treffpunkt
Café, Eiscafé
Camping, Zeltplatz
Denkmal
Friedhof
Geschäft, Kaufhaus, Markt
Hotel, Unterkunft
Imbiss
Informationsstelle
Jugendherberge, Hostel
Kirche
Musikszene, Disco, Club
Parkplatz
Pension, Bed and Breakfast
Polizei
Post
Restaurant
Schwimmbad
Sonstiges
Theater, Zirkus
Vegetarisches Restaurant
Weinstube

Stadtspaziergang (s. S. 12)
Shoppingareal